中学现代散文教学内容重构研究

陈永娥 著

光明日报出版社

图书在版编目（CIP）数据

中学现代散文教学内容重构研究 / 陈永娥著. -- 北京 : 光明日报出版社, 2023.1
ISBN 978-7-5194-6547-6

Ⅰ. ①中… Ⅱ. ①陈… Ⅲ. ①中学语文课—教学研究 Ⅳ. ①G633.302

中国版本图书馆CIP数据核字(2022)第247611号

中学现代散文教学内容重构研究

ZHONGXUE XIANDAI SANWEN JIAOXUE NEIRONG CHONGGOU YANJIU

著　　者：陈永娥

责任编辑：周文岚　　责任校对：鲍鹏飞
封面设计：乐　乐　　责任印制：曹　净

出版发行：光明日报出版社
地　　址：北京市西城区永安路106号，100050
电　　话：010-63169890（咨询），010-63131930（邮购）
传　　真：010-63131930
网　　址：http://book.gmw.cn
E－mail：gmrbcbs@gmw.cn
法律顾问：北京市兰台律师事务所龚柳方律师

印　　刷：金世嘉元(唐山)印务有限公司
装　　订：金世嘉元(唐山)印务有限公司
本书如有破损、缺页、装订错误，请与本社联系调换，电话：010-63131930

开　　本：185mm × 260 mm　　印　　张：10.25
字　　数：205千字
版　　次：2023年1月第1版　　印　　次：2023年1月第1次印刷
书　　号：ISBN 978-7-5194-6547-6

定　　价：55.00元

前　言

现代散文是中学语文阅读教材中的主导文类，现代散文教学对于培育学生的语文素养有着十分重要的作用。在进行现代散文教学时，教师要想方设法地去搭建交流的桥梁，从而能够让教学对象和所要教授的“这一篇”散文连通起来，由此连接学生的已有经验与作者的语文经验和人生经验，进而实现语文教学的精神培育作用。但是，现今的中学现代散文教学实践，仍然存在着诸多的问题，许多思路也都跑偏了，比如，师生最应该探讨的是散文“个人化的言说对象”，却跑去考察各种“外在的言说对象”；教师最应该引导学生去体会散文“独特的情感认知”，却跑去探索抽象化、概念化的思想背景、精神内涵等。因此，现代散文教学到底要教什么，依据什么而教，无疑都是值得我们深思的问题，而这也正是本书写作的出发点。本书除绪论和结语外，正文部分共有六章。

第一章主要是对中学现代散文教学的历史回顾，并提出了中学现代散文教学内容重构的问题。通过分析“语文课程标准”与“语文教学大纲”以及语文教材等基本文献，初步厘清了现代散文教学目标与教学内容的历史演进脉络，并归纳出了中学语文教材中现代散文的选篇特点。可以看到，在此历史进程中，中学现代散文教学一直处于钟摆状态，而且至今没能找到适宜的发展方向。由此我们不得不重新认真地反思现代散文教学内容的重构问题，借此提升现代散文教学的效率，以培育学生的语文核心素养。

第二章通过对照中学语文教材，梳理统计初、高中语文教材中现代散文的分布情况，同时分析选篇特点，给散文教学内容的重构研究提供了文本依据。

第三章是通过深入中学语文教学一线的调查、交流与访谈活动，给散文教学内容的重构研究提供了实践依据。我们发现，在中学现代散文的教学实践中，存在着文体模糊、文本解读追求标准化、文本被淡化与泛化、过分强调人文性等一系列比较严重的问题。产生这些问题的原因是多方面的，比如，散文文体意识的欠缺导致教学内容选择出现偏差，当今中学生的一些自身特点使散文变得难以教授，教师在传统教学模式与新课改之间纠结，以及现行教学评价制度的某些弊端，等等。然而，最根本的原因也许在于语文学科与其他学科有着明显的差异，语文学科更注重开放性和形象性，而现代散文更强调情感性或非理性。因此，若是一直采用工具化的理性思维从事中学现代散文教学，无疑会迷失教与学的方向，甚至导致教师不知自己教的是什么，学生不知自己学了些什么的结果。长此以往，师生都有可能失去教授或学习现代散文的兴趣。

第四章是意图探寻中学现代散文教学内容的重构依据。通过前三章的分析，我们意识到了重构现代散文教学内容的重要性，而内容标准和现代散文的文体特征，以及教材和学情，都是重构中学现代散文教学内容的重要依据。具体来说，要把握“标准”，以课程标准厘清中学现代散文要“教什么”；注意辨明文体，以文体理论确定中学现代散文教学内容的边界；充分用好“例子”，依托教材确定中学现代散文的教学内容；注重关注“学情”，因材施教调适中学现代散文的教学内容。

第五章是对重构中学语文现代散文教学内容所做的一些尝试，即在中学现代散文教学内容的选择上应该采取的一些策略。一是深入解读，把握作者的写作意图；二是注重整体，紧扣现代散文的主要特点；三是巧妙引导，唤醒学生的审美体验；四是利用阅读，加强学生写作思维的训练；五是立足文本，渗透人文精神教育。通过践行这一系列的教学改革策略，尽力解决现代散文教学到底应该“教什么”与“怎么教”的问题，从而切实提高语文课堂的有效性。

第六章是对上述策略进行的实践探索，即以中学语文教材中的散文名篇如《藤野先生》和《荷塘月色》的教学为例，探讨中学现代散文教学内容重构如何实践的问题，试着将研究分析得出的建议策略运用于具体的教学实践之中，以期引起语文教育界对中学现代散文教学内容存在的问题的重视，由此携手共建中学现代散文教学的有效课堂。

总之，本书首先对中学现代散文教学进行历史回顾、对中学语文教材现代散文展开选篇分析，接着走进中学语文现代散文教学内容的现场，客观分析中学语文现代散文教学内容存在的问题及成因，然后思考和探寻中学现代散文教学内容的重构依据，针对中学语文现代散文教学的问题，尽力提出一些教学内容重构的策略，最后将策略运用于中学语文教材中的现代散文名篇的教学实践。本书意在通过对基础教育的观照，努力构建中学现代散文教学内容确定这个难点与痛点的问题解决路径，以期与广大的语文教育工作者展开交流，并得到进一步的学习与提升，为新时期核心素养理念下的语文教育教学贡献一名语文教学论工作者的微薄力量。

目　录

绪 论

一、选题缘由

（一）为什么要研究现代散文教学

1. 现代散文教学的重要性不言而喻

在中国文学的浩瀚历史长河中，作为“文体之母”的散文无疑是一颗璀璨的星体，照亮了一代又一代人前行的脚步。抚今追昔，庄子以其汪洋恣肆之笔，让我们看到了理想的鲲鹏展翅高翔，向往那“无己”“无功”“无名”的自由境界；走进《背影》，那“用两手攀着上面，两脚再向上缩”的肥胖背影足以让许多人潸然泪下，多少朴素的亲子之爱涌动心头；透过余光中的曼妙之言，我们听到了变换节奏的冷雨之声，更感受了作者内心久久萦绕的怀乡之情……无数现代散文大家的散文佳品，走进了中学语文教材。作为中学语文教学的主导文类，现代散文对学生成长发展具有非常重要的作用。

首先，在个体生命的成长过程中，现代散文提供了精神的给养。教育的宗旨在于促进人的全面发展，在人的全面发展过程中，思想和精神的发展非常重要，而现代散文恰如一场春雨，浸润着我们的心灵，契合了我们对真、善、美的追求。现代散文所关注的是我们丰富多样的生命情感体验，它纵然不能决定我们生命的长度，但却可以拓展我们生命的宽度。

其次，在民族文化的传承中，现代散文教学可谓功不可没。中华民族自古就很重视文化教育，尤其是文学素养的培养，所以我们的文化才能够做到绵延数千年而不断绝。这里所说的文学教育当然也涵盖了现代散文教学，它是中华优秀文化与精神的凝聚。在与一篇篇经典现代散文的对话中，我们逐渐领略到中华文化的博大精深、源远流长，我们也因与现代散文的对话感悟到使命的神圣。

再次，在现行中学语文教科书的选文中，现代散文占据了半壁江山，是培养学生语文核心素养的重要课程内容。以人教版语文教材来说，现代散文选文就占了很大篇幅。同时，

“生动的说明文、生动的议论文，往往是散文，或者被教成散文”[①]。学生通过对大量现代散文的阅读与感知，达成与作者经验的交流，体验生命的独特存在，同时也大大丰富了自身的语文素养。

当然，现代散文短小、自然、灵动而内涵丰富等特点，也使得它成了各种语文考试常见的选题。以近年来的语文高考卷来说，主观阅读理解题的材料多是现代散文，且占比也很重。语文的人文性特征最容易在现代散文的阅读中体现出来，也最能涵养品格、陶冶人的情操。个人的体验与感悟、鉴赏能力与水平，都最能从现代散文的阅读中得到考查。所以，在近年来的高考中，现代散文作为阅读材料出现在语文卷的频率很高。文学作品的阅读，经常以现代散文作为鉴赏材料，且比分较重。现代散文是高考语文卷中常见的一种阅读材料，就需要引导中学语文阅读教学，注重培养学生的感悟与鉴赏能力。在各种类型的语文考试中，现代散文的话题也常常存在，无论在阅读理解还是写作环节，现代散文都占据很大比例。更重要的是，现代散文尤与学生的作文关系最为直接和密切。

2. 现代散文教学的现状不容乐观

梁实秋说：“散文与我们人生的关系，要比韵文更密切。至少我们要承认，我们天天所说的话都是散文。”[②]现代散文与我们的生活息息相关，现代散文教学直接连通阅读与写作，于学生核心素养的养成无比重要，但走进我们的语文课堂，走进现代散文教学的现场，却发现情况不容乐观，除了一些教师颇具语文味的现代散文教学案例外，很多教师还没有对现代散文教学的乱象深入思考，对现代散文阅读教学也把握不好。

在中学语文各类文体的教学中，现代散文看似简单，其实最难教好。现代散文在中学语文教学选篇中数目很多，但是我们发现它对中学生核心素养培育的作用并未得到有效发挥。在现今中学现代散文教学的实践中，经常会看到两种极端的现象：部分名师的现代散文阅读教学课堂十分精彩，教师想方设法引导中学生阅读、体悟现代散文佳品，学生在其教学中美文美学，尝到了语文的“味道”，因而喜欢教师所上的语文课，喜欢语文；但是，更多的语文教师则是比较茫然的，不知道现代散文阅读教学应该教什么，教学跟着感觉走，心安理得地胡教乱教、随便教，教错而不能够察觉到，还以为现代散文阅读教学本就该那样。《义务教育语文课程标准（实验稿）》的制定实施已有二十个年头，《普通高中语文课程标准（实验）》的制订实施已有十多年，后又经过不断的修订。目前，《义务教育语文课程标准（2011 年版）》和《普通高中语文课程标准（2017 年版 2020 年修订）》已经成为指导中学语文教育实践的纲领性文件。然而，新课标下的现代散文阅读教学现状如何呢？走进现代散文教学的现场，却发现教学效果并不令人满意。教学中，学生感受体验不够，个性与主体性被忽略，合作与探究也形同虚设等，都已成为显而易见的问题。

---

① 王荣生：《语文教学的主导文类何以是现代散文（上）——现代散文教学内容问题研讨的预备之二》，《语文学习》2006年第2期。

② 梁实秋：《论散文》，《新月》1928 年 1 卷 8 号。

3. 现代散文“应教什么”值得重视

为全面了解散文阅读教学，尤其是现代散文阅读教学的现状，展开对现代散文“教什么”的思考与研究，笔者分别对所在地区的一所初中及一所高中的学生开展问卷调查，与所在地区的多所学校的初、高中语文教师进行交流、访谈，对其语文课现场观摩。虽然调查、访谈与观摩的深度和广度都有不足，但也从一定层面反映出现今初、高中学生现代散文学习的状况和教师教学的情况。在调研中发现，很多学生对于现代散文的兴趣还不浓，非常喜欢现代散文阅读的学生实在很少。整体而言，多数中学生对现代散文的阅读态度是比较冷淡的。较之于课内阅读，课外阅读现状更令人担忧，经常开展课外阅读的中学生人数比例较低，特别是在高考指挥棒下的高中生，不开展课外阅读的情况比较常见。如今，快餐文化盛行，初、高中学生，乃至大学生的课外阅读大都偏好“快餐文化”，现代散文逐渐成为被人遗忘的孤儿。学生这样的阅读态度，当然会影响对现代散文的学习。一个人对不感兴趣的事是难以努力的，更别说面临困难时的表现了。对于中学生来说，没有知识的需求，且要长期持之以恒展开学习，是很少有人能做到的。这种对现代散文学习的冷淡态度，在一定程度上影响到中学生核心素养的养成，影响了中学生身心的发展，影响了他们的语文成绩，当然也直接影响到语文教学目标的落实。如果学生对学习现代散文很感兴趣，那么散文教学就有了成功的开始。事实上，有不少中学生在学习现代散文时是被动的，很多时候还是依赖于教师的。这个教育教学方面的弊病一直没能得到较好的改善，如何让学生乐学、积极主动地学、带着兴趣学一直是值得语文教师们探究的问题。加之部分教师的教学方式较为僵化、模式化，一直未能做出任何改变，没有一点儿创新，所有的现代散文阅读教学都一个样，也极大影响了中学生的学习兴趣，从而搞不清语文学习的方向，特别是现代散文学习的方向。久而久之，学生对现代散文学习的乐趣与热情丧失，对现代散文也没了鉴赏的欲望，致使语文学习走进死胡同，审美、想象与创造的能力也越来越弱。

教学名师李镇西先生曾经谈到，有一次他在做语文阅读教学的问卷调查时，一位高一新生就谈到他对《背影》教学的想法，他说他喜欢自己去读朱自清，而不喜欢他的老师讲朱自清。在他看来，自己去读《背影》，是可以读出读到“我父亲的背影”的，但听自己的老师讲《背影》时，收效并不是很大，而且最终只得到了一些所谓的“关键词”“关键句”①。这种现象足以引起我们的深刻反省，作为散文经典名篇的《背影》，为什么学生不喜欢老师讲的，而更喜欢自己去读？我们不禁要问，语文教育怎么了？教师的讲课方式出了什么问题？散文教学到底应该“教什么”，又应该怎样教呢？

（二）为什么要研究中学现代散文教学内容

中学现代散文教学的问题和不足可以说是显而易见的，而基础教育改革为现代散文教学的建构提供了最佳的契机，新课标的实施也呼唤着中学现代散文教学内容的重新研制和

① 教育部师范教育司编：《李镇西与语文民主教育》，北京师范大学出版社 2006 年版，第 96 页。

系统开发。

1. 中学语文教师在“教什么”

理论的问题往往是来自实践的困惑。很多一线中学语文教师，对于散文教学“教什么”不够清楚，往往是教材怎么编他就怎样教，教参怎么写他就怎样教，别人怎么教他就怎样教，自己缺少对选文教学内容的独立思考。所以在现在的现代散文教学中，“教什么”是个突出的问题。有的中学教师把现代散文课上成文学理论课，大谈“形散神不散”的特色；有的则把它上成思想道德课，把语文课当作思想教育的主阵地。教文化散文时，大谈文化。教抒情散文时，却偏离了情感之美，重寻章、去摘句，对比喻和拟人等较为看重，对修辞手法展开深入的案例分析，却忽略了其中深厚的情感意蕴。

长期以来，在我们的中学语文课堂中，对于现代散文的教学，形成了一个程式化的、封闭式的教学思维模式，即总围绕这篇散文是“怎么写的”和“写了什么”两个核心问题展开教学，教师设计教学，辅导学生自读，指导学生练习，批改学生作业。这样一种教学套路，极容易忽视现代散文的独特性，忽视散文的审美特质，最终教给学生的往往只是一些比较肤浅的，罗列在一起的知识内容或千篇一律的习语套话。学生对现代散文的认识看似达到了一定的理性高度，其实对于其中一些语句的意思还不能意会，更谈不上领悟其中深刻的思想内涵和丰富的感情意蕴，而意识到现代散文的美感就更不可能了。所以这种模式化的教学，并不能培养中学生的语言感知能力与文学的想象能力和创造能力，也无法使学生们获得正确的世界观、人生观、价值观。

2. 中学语文教材“打算教什么”

课堂里正在教的内容，很大程度上是建立在教材里打算让教师教的内容的基础上的。所谓的“语文教材内容”，谈的就是语文教材的具体形态问题，也就是解决“用什么去教”。对于这个问题，中学语文的教材编者们会提供给教师“通常可以用什么去教”的意见、建议，从而使中学生较好地掌握语文课程的既定内容。比较理想的是，中学语文教材的内容能够达到“课程内容教材化”和“教材内容教学化”。充分利用语文课程资源，用心设计语文教学方案和教学内容，使其变得可以更好操作，使中学生能在师生互动、生生互动中走进经典，获得能力，成人成才。

然而，我们发现，在中学现代散文教学的种种问题中，语文教材存在的问题就是教材本身变成了一种摆设。中学语文课程内容如何教材化，其实就是要求我们的语文教材要做好两个方面：一方面就是要有课程内容，明了“一般应该教什么”；另一方面就是回答清楚“通常可以用什么去教”，使得中学语文课程的内容通过语文资源的运用能真正得到具体体现。现今的中学语文阅读教学，几乎都是单篇选文的教学。就单篇选文教学而言，中学语文教材需要回答的一个重要问题是这篇选文“一般应该教什么”？我们所要探讨的现代散文教学也同样如此。然而，一些语文阅读教学的课堂往往对此不清楚，甚或似是而非。

此处以朱自清的现代散文为例，《荷塘月色》作为一篇经典名篇选进中学语文教材，文笔优美、朴素典雅、脍炙人口。作者朱自清用他那满含诗意的笔调，为我们描绘了一幅月下的荷塘美景，在阅读中穿越时空、漫步荷塘，体悟来自夏日的清幽与宁静，如梦似幻，令人陶醉。在语文教参中，这样的分析并不鲜见：谈到《荷塘月色》的主题，就总结为表现了大革命失败后小资产阶级知识分子的郁闷与孤寂，彷徨与失意渗透在他们的生活中。如此，《荷塘月色》的语言美、意境美与画面美被撕得支离破碎，学生鉴赏、体悟作品美的乐趣不复存在。当然，更有甚者，在教授《背影》的课堂上，学生大肆探讨“父亲违反交通规则”，教师与学生一起讨论热烈，丝毫不觉这已偏离教学目标很远。

中学语文现代散文教学“教什么”？那个“什么”是否正确？“用什么去教”？用那个“什么”是否对头？这些问题没有弄清楚，中学散文教学的尴尬困境就无法扭转。许多教学事实证明，部分中学语文教师在“教学内容”的选择上是存在问题的，对“教什么”是对的、“用什么去教”才对头等问题还似是而非，懵里懵懂。大量中学语文教学实践表明，对中学语文教学内容存在的诸多问题，许多教师浑然不觉，缺乏思考；有的教师在“教什么”是对是错、“用什么去教”正确与否，同样缺乏自觉，这是很令人担忧的。

3. 课程标准要求“应当教什么”

要判定语文课堂上教学的内容、语文教材里准备教学的内容是否准确，就需看语文教学大纲或语文课程标准中对语文课程内容是如何规定的。在语文教育发展的历史进程中，语文教学大纲或语文课程标准对于文学教学都曾提出过明确的要求。因此，在进行中学语文教学时，我们仍然可以通过比照、研究不同版本的初、高中语文课程标准，来了解文学教学（当然也包括现代散文教学）的基本要求。

《义务教育语文课程标准（实验稿）》“课程理念”明确指出，在中学语文教学过程中，既要重视学生语文知识的积累和熏陶，也要重视知识教学内容的价值取向，还要尊重他们在学习中所产生的个性化的体验和感受[①]。在此标准的“总目标”中，也有提升阅读、鉴赏文学作品能力，发展丰富个性和精神世界，培育熏陶高尚情操和价值观的要求[②]。在此标准的“学段(第四学段)目标”中，还要求学生能够初步地区分、欣赏和鉴别写实与虚构的艺术表现手法，品味语言、体会人物形象之独特性，初步领会作品的思想内涵和

① 中华人民共和国教育部:《义务教育语文课程标准（2011年版）》，北京师范大学出版社2012年版，第2-3页。

② 中华人民共和国教育部:《义务教育语文课程标准（2011年版）》，北京师范大学出版社2012年版，第7页。

所体现的价值观念，并且能够结合作品，联系自己的生活体验对此文学作品做出一定的评价[①]。

《普通高中语文课程标准（2017年版2020年修订）》“学科核心素养”系统指出，通过高中语文教学，要让高中生能够阅读和读懂一些优秀的文学作品，并且能够品味其优美的语言，感受其深邃的思想力度，提升自己的想象力和审美能力，从而了解我国博大精深、源远流长的文化资源，培养自己高尚的道德情操和理论修养，树立正确的人生观、世界观、价值观[②]。在这个标准的“课程目标”部分，“语言梳理与整合”的分目标又要求高中生们能够正确、熟练、有效地把所学到的语文知识，运用到生活实践当中去[③]。由此可见，语文新课程标准中出现频率较高的诵读、品味、鉴赏、感受、体验与审美等都是关键词汇，为文学教育教学方法、内容的选择提供了原则，指明了方向。对比中学语文教师正在教的、语文教材想教的、语文新课标应当教的，发现三者之间有着较大的差距。中学现代散文教学的问题究竟出在哪儿呢？从源头上看，主要出在课程层面，而教学内容的缺失或不足是导致文学教育问题的主要方面。

近年来，语文教育研究者们对于语文课程内容的问题，逐步形成了一些一致性的意见：语文新课标引领下的语文课程教育教学改革，改革的核心就是要注重“建构现代语文课程体系”。那么，怎样去“建构现代语文课程体系”呢？最重要的就是要确定“语文课程内容”。在这样的现实背景下，对中学语文教育的研究便迈进了一个新的历史发展阶段。而这个“新”就表现为，把“语文教学内容”置于一个语文课程分析的框架之下，即在自觉的“课程意识”指引下展开对语文教学内容的研究[④]。现代散文的教学内容是语文课程内容的重要组成部分，也就迎来了进一步发展和进行重构的重要契机。

二、研究目的及意义

由于历史与现实两个方面的原因，语文教育与教学中的许多根本性问题，迄今未能得到较好的解决。从中学现代散文教学现状来看，教学内容的不确定性极大地影响了教学的有效性。对于目前的语文课程与教学研究来说，最重要且极迫切的是，建设并达成新目标

---

① 中华人民共和国教育部：《义务教育语文课程标准（2011年版）》，北京师范大学出版社2012年版，第15-16页。

② 中华人民共和国教育部：《普通高中语文课程标准（2017年版2020年修订）》，人民教育出版社2020年版，第4-5页。

③ 中华人民共和国教育部：《普通高中语文课程标准（2017年版2020年修订）》，人民教育出版社2020年版，第6页。

④ 潘新和主编：《新课程语文教学论》，人民教育出版社2005年版，第44、56、58页。

的新内容。

“五四”文学革命是现代散文创作和研究的发轫期。但是至今，现代散文到底是什么性质的文类、有什么特点、包含了哪些范畴、归属于何种文体，这些问题迟迟得不到解决，给现代散文教育教学造成了比较大的麻烦。20 世纪 60 年代以后，中学语文教材中选了很多杨朔模式的散文，这些长期而大量入选的现代散文文本，被当作了中学语文现代散文阅读教学的范本，中学生的阅读和写作都照此来教和学。渐渐地，这种范本的教学演变成了中学现代散文教学的固定模式。受到这种固定模式的影响，本来文质兼美的现代散文中所蕴含的丰富、复杂的情感被抽离出去了，取而代之的是抽象的概括与理论分析，现代散文教学可以说是遭到了简单粗暴的处理。可以说，这种固定而僵化的现代散文阅读教学的模式化，给后来现代散文阅读教学带来了隐患。伴随着经济社会的发展，语文教育迎来了新时机，特别是 21 世纪的基础教育改革，语文课程的发展进入了新的历史阶段，语文新课标日益推行开来，语文新教材百花齐放。但我们也应理性地看到，语文教学的诸多问题还客观存在，现代散文的教学现状也不容乐观。什么才是适宜的中学语文教学内容，现代散文文本该“教什么”等，这些切中教学要害的问题，并没有引起语文教师普遍的重视，很少有教师对自己的教学内容进行理性反思、深入审视。然而，所谓的教学新模式、新方法却大量涌现，很多教师热衷于使用让人眼花缭乱的方式方法探寻，反而忽略了教学内容的建构。更大的问题还在于，部分教师在语文课堂上将语文的人文性片面夸大，随意拔高，提升现代散文作品的人文性，课堂上“尊重学生”、任其解读，使课堂偏离正常轨道却不引导指正。这种局面的出现，是因为有些中学语文教师本身从来就没有对此类问题做过深入理性的思考与探究。

不确定的语文教学内容，不适当的文本解读，不合适的教学乱象，是促使我们思考怎样建构中学现代散文教学内容，寻求中学语文阅读教学的有效出路的原因。我国的语文教材多是“文选型”，教师在课堂上“教什么”，大都是由教师自己把握的，如果任教的老师专业素养修炼不够，在教学的过程中就非常容易生成“不适当的教学内容”[①]。对于现今的种种“不适当的教学内容”，王荣生教授还进行了归纳与总结，如“语文教学内容与目标不一致，甚至截然相反；语文教学内容不正确，且数量不少；语文教学内容以一种极不确定的面目出现，有时笼统得几无内容；许多迫切需要教的，无内容，有的充塞着不少乱七八糟的内容”[②]，等等。

毋庸置疑，中学散文教学存在不少问题，都应引起我们足够的重视。因此，必须厘清中学语文现代散文存在的基本问题，同时针对问题开展研究，找到解决问题的办法，系统性地梳理、确定、重构现代散文的教学内容，这是我们语文教师最重要、最迫切的任务，

① 王荣生：《新课标与“语文教学内容”》，广西教育出版社 2004 年版，第 1 页。

② 王荣生：《新课标与“语文教学内容”》，广西教育出版社 2004 年版，第 2 页。

而这一方面的研究成果也会对广大教师教学现代散文产生一些积极影响。也正是基于此，本书力图对中学语文现代散文的教学内容展开思考，探究选择教学内容的策略。对中学语文现代散文内容重构的探索，引起了大家的共鸣，使越来越多的中学语文工作者关注思考中学语文现代散文“教什么”“用什么去教”等，改变了现今中学语文教学中部分教师教学不重内容重方法的片面做法，使语文教育回归本身，使学生的语文核心素养得到培育，从而真正发挥语文教育的功能和作用。

三、研究现状及文献综述

尽管现代散文在中学语文教材中占据很大篇幅，是中学语文阅读教学的主导文类，但是一直以来地位并不高，可以说是“妻身妾命”，而且对其教学内容的确定也没能达成一致，存在各说各话、偏差较大的问题。至于“现代散文是什么”以及“现代散文要教什么”等根本性的问题，至今仍然比较模糊，没有一个较为统一的看法。在研究中，说法纷纭、此起彼伏，这让普通的教育教学工作者面对教学实践时感到无所适从、无所依照。加上对现代散文文体认识的不足与匮乏，造成中学散文教学内容选择的随意性。然而，为了加强中学散文教学的有效性，发挥语文教育的育人功能，这些问题又是无法避开的。因此，本书拟从众多学术研究成果、中学语文教育实践的第一线中汲取一些营养，通过对现代散文文体的探究，努力探求现代散文教学内容的奥秘所在，进而开展对中学语文现代散文教学内容建构的思考，与更多的语文教育工作者一起助力于中学语文教育教学的提升。

（一）对现代散文文体研究现状的梳理

近二十年来，对于现代散文研究，国内学者大致都是从对现代散文名称的追根溯源上，去考查研究现代散文不同历史时期的发展情况、各个时期的类型划分，并对现代散文的文体特征进行总结归纳等。可以发现，这些研究主要是围绕着现代散文文体的含义、包含的范畴和有何文体特征等关键问题展开的。对于这些问题的研究，主要是一些期刊论文，专著相对较少。

1. 与现代散文文体研究相关的专著

近年来，有学者注意到了现代散文研究的重要性，且产生了一些有关现代散文研究的专著，如喻大翔的《现代散文十五讲》、佘树森的《中国现代散文研究》、方遒的《散文学综论》、张智辉的《散文美学论稿》等。这些著作，多专注于对现代散文的全面性研究，提出了一些颇有价值的见解。但是，对于文体这个概念思考的深度还有不足。这些学者已经充分认识到了文体之于现代散文研究是十分重要的，但又受限于旧有的研究思路，惯于使用追根溯源法、案例分析法等，一直没有突破，也就无法明晰散文文体之特性，有效建立现代散文教学内容体系。

当然，近年来，也出现了一些研究文体的专著，如童庆炳先生的《文体与文体创造》，对“文体”这个概念的丰富内涵进行了分析。他认为“文体”不应该是一个较简单的体裁问题，它是一定话语秩序所形成的文本体式。应该说，这是理论上的一种创新，对于理解、研究、教学文体的人具有借鉴和指导意义。然其终究属于文体学著作，对于现代散文文体的论述只是专著的一个组成部分，自然不及专门研究现代散文的论述来得那么细致。让人感到欣喜的是，这一遗憾在陈剑晖的《散文文体论》中得到了较好的弥补。他的论著对文体的各个层面都比较关注，他认为文体可以划分为五个层次，并通过对文体的分层把握来探寻现代散文的变革与分类。可以说，这是一次对散文研究的有益尝试，他的研究方法和理念值得学习。

总体来说，现代散文研究相关专著虽不算少，但是能有理论创新的确实不多。在这众多对现代散文的研究著作中，童庆炳的“文体”研究理论、陈剑晖对现代散文文体的阐述及其相关研究等如一股清风吹来，是较为独到的，这对于我们拨开现代散文认知的重重迷雾，具有较强的理论意义与实践价值。

2. 与现代散文文体研究相关的论文

关于现代散文文体的研究，梳理文献发现，已有很多学者发表了他们的看法，如有“以陈剑晖为代表的‘诗性散文’研究范式，以孙绍振为代表的‘审智散文’研究范式，以王兆胜为代表的‘形不散—神不散—心散’的研究范式，和以周伦佑为代表的‘散文性’研究范式”等[①]。虽然他们对现代散文研究的侧重方面有所不同，但他们的研究思路却是比较接近的，多是从对具体的散文文本、散文整体流变、现代散文文体概念、现代散文分类的审视中，去探索现代散文的文体特征以及现代散文的发展演变历程。

对于现代散文概念的认识，学者们多用的是溯源法，发表了他们的一些独到见解，比如，魏饴就散文的认识发表了《散文文体论》；罗书华对散文概念缘起进行考证，发表了《散文概念的源流论：从词体、语体到文体》；谌东飚从探求古今散文的概念出发，将古今散文定义为“除诗歌、小说、戏剧之外的具有一定文学性或文学因子的文章”[②]，他还从传播学的角度对散文的类别进行划分，认为可分为“泛传散文、特传散文”；楼肇明在他的《关于散文本体性的思考》里也说道：“现代散文的文体处在以诗为一极和实用文字为另一极的广阔的中间地带，是一片鲜花开不败的文学原野”[③]，等等。

---

① 陈臂：《新世纪散文研究范式之建立》，《南方文坛》2013 年第 2 期。

② 谌东飚：《古今散文研究中的散文观念及分类问题》，《湖南工程学院学报》2001 年第 12 期。

③ 楼肇明：《关于散文本体性的思考》，《文艺评论》1995 年第 4 期。

关于现代散文的文体类别，也有多种划分方式。喻大翔认为现代散文可分为“议论散文、抒情散文、记叙散文和兼类散文”[①]；李晓虹将现代散文分成“抒情性小品文，以及包括论文、杂文和政论的议论性散文，包括报告文学、速写、传记、回忆录、人物特写等的叙事性散文”[②]；陈剑晖认为，可从“文类文体、语体文体、主体文体、时代文体”[③]等层次来思考现代散文文体的变革与类别；付建舟认为，随着历史的发展，我国古代散文文体逐渐被现代散文文体所取代，到了近代，中国现代散文文体的新体系得以产生，有了“逻辑文体、报章体、美文、小品文”[④]等文类；此外，孙绍振将现代散文分成了“审美散文、审智散文、审丑散文”[⑤]；钱理群将现代散文分为“说理的散文、描写的散文、纪实的散文、抒情的散文”[⑥]的分类；贵志浩将现代散文分为“闲话体、独语体、倾诉体”[⑦]，等等。这些相关研究，也都有一定的学术价值。

从总体上来看，二十多年来在现代散文的研究成果中，出现了不少研究现代散文文体本质特征的成果，如“五四”时期的“美文说”“性灵说”，新时期的“文化说”“真情实感说”“内向性说”“智性说”和“诗性本体说”，等等。他们仔细辨析了日益发展与变化的现代散文的文体特征。

以现代散文作为研究对象展开研究，在二十多年来的硕士、博士毕业论文选题中也有不少。这些硕士、博士毕业论文，多选取一些具体的现代散文作家作品为对象，通过对它们的研究，探寻考察某一历史时期现代散文的发展状况，比如，安文军的论文《走出混沌——周作人散文理论及其对现代散文发展的贡献》；或选择某一特定的历史时期，对这一特定历史时期的现代散文进行集中研究，譬如李雪梅的论文《中国现当代散文本质特征论》、王雪的论文《二十世纪九十年代以来散文类型研究》等；也有研究者以对某种理论的认识为基础，开展现代散文的研究，如蔡江珍的《中国散文理论的现代性想象》等。这些硕士、博士学位论文，对于研究现代散文文体特点也有着较强的参考性，也为本书的研究提供了借鉴。

（二）关于现代散文教学内容研究现状的审视

随着基础教育语文课程改革的日渐展开与深入，人们逐渐认识到了传统语文教学存在的问题，意识到了应该重视中学语文教育教学中存在的相关教学内容的问题。在孙国成看

---

① 喻大翔：《论散文的内涵和类型》，《海南师范学院学报（人文社会科学版）》2002 年第 4 期。
② 李晓虹：《20 世纪散文文体发展及其文化蕴含》，《广播电视大学学报》2000 年第 2 期。
③ 陈剑晖：《论 20 世纪 90 年代中国散文的文体变革》，《中国社会科学》2001 年第 5 期。
④ 付建舟：《中国散文文体的近现代嬗变》，《湖南大学学报（社会科学版）》2009 年第 1 期。
⑤ 孙绍振：《从文体的失落到回归和超越——当代散文三十年》，《名作欣赏》2008 年第 12 期。
⑥ 钱理群、孙绍振、王富仁等：《解读语文》，福建人民出版社 2010 年版，第 241 页。
⑦ 贵志浩：《话语的灵性——现代散文语体风格论》，浙江大学出版社 2010 年版，第 50-88 页。

来，语文教学内容的科学与规范十分重要。他认为深化教学改革的关键是教学内容的改革，因此务必纠偏某些理论在教学内容上的错位和失误，提高相关教学理论研究的实用度。① 无独有偶，1991 年，李海林教授也就语文教学的内容发表了他的看法："过去的语文教改主要在语文教法上，照我看来，今后语文教改的出路应在语文教学内容方面。"② 这就明确告诉我们，语文教学内容的建构，无论是对教学还是对教改而言都是非常重要的。

那么，我们应该怎样界定"语文教学内容"，如何理解这个概念？王荣生在《语文科课程论基础》一书中，对语文课程内容、语文教材内容与语文教学内容三个容易混淆的概念做了辨析③，由此明确了"语文教学内容"这一概念，进一步廓清了当前语文教育在课程、教材与教学各个层面存在的问题，为我们提供了理论准备，更为我们研究现代散文教学内容提供了重要的遵循。李海林教授说："语文教材只是教学内容的一种潜在的存在。在语文教材中，既存在着教学内容，也存在着非教学内容"④，其在此明确谈到，语文教材内容与教学内容的关系是比较复杂的。同时，他在《语文教材的双重价值与教学内容的生成性》中，还谈到了语文教学内容的相关因素，阐述了它的重要作用和实践意义。

那么，语文教学内容和语文教学方法之间又是什么关系呢？王荣生与张孔义认为，语文教学内容和语文教学方法何为主导，这个问题的答案其实是比较明显的，自然应该以教学内容为主导。在教育教学中，是教学目的和内容选择了方法，而不是教学方法选择了教学目的与内容⑤。这就明确告诉我们，语文教学方法的合理与否，主要应从语文教学内容的角度来加以衡量。

在语文课程的改革中，如何看待语文教学内容的建构这个问题，王荣生先生在2004年7月发表了他的看法。在他看来，在21世纪，语文课程与语文教学改革如沐春风，正在向纵深推进与发展，广大的语文教育工作者应该注意把握语文课程与教学研究的重心，应该将之转移到语文课程和语文教学内容的建设上，他认为当前语文课程与教学研究最重要也最迫切的任务，就是要建构新时期新目标的新内容⑥。同时，在他的专著《新课标与"语文教学内容"》中，他还明确表达了自己对于语文新课程改革目的的认识，即"逐步建立以教学内容为抓手的语文教学分析与框架，力图扭转语文课堂教学研究中片面强调教学方法、过分崇尚教学艺术的不良风气"⑦。

伴随着基础教育课程改革的推进，语文教学内容这个领域得到越来越多的语文教育

① 孙国成：《提高理论研究的思维水平》，《中学语文教学》1989 年第 8 期。
② 李海林：《"三结合教学"初探》，《语文教学论坛》1991 年第 5 期。
③ 王荣生：《语文科课程论基础》，上海教育出版社 2005 年版，第 246-247 页。
④ 李海林：《语文教材的双重价值与教学内容的生成性》，《语文学习》2004 年第 3 期。
⑤ 王荣生、张孔义：《语文教学方法与教学内容》，《语文学习》2004 年第 4 期。
⑥ 王荣生：《新课标与"语文教学内容"》，广西教育出版社 2004 年版，第 1 页。
⑦ 王荣生：《新课标与"语文教学内容"》，广西教育出版社 2004 年版，第 2 页。

工作者的关注与研究，部分语文教育刊物也开设专栏，将语文教学内容建构作为专门栏目的热点话题展开深入交流与探讨。如《语文教学通讯》（高中刊），在2005年第1期的“热点”栏目中，就专门设置了“新课程背景下怎样的一堂课算是好课”的话题，引起了语文教育工作者的广泛参与和讨论。王荣生指出：“合宜的教学内容是一堂好课的最低标准”①。任玲认为，如果语文课堂不太关注，或者偏移语文本身的内容，一味注重花样的繁多，这样的课当然不是好课，而且是“非语文”的②。

由此可见，随着越来越多的人开始关注语文教学的内容，对具体文类教学内容的思考也日益受到教育工作者们的关注，而现代散文教学内容的建构问题，也是其中引起人们思考的重要方面。中学语文现代散文教学，存在的问题是比较多的。作为问题颇多的领域，引起了广大语文教育工作者的高度关注，由此也产生了较多的研究成果，包括一些论著、论文、研究报告等。然而，在众多的研究成果中，主要是交流、探讨现代散文的教学策略，较少谈到或具体深入研讨现代散文教学内容的重构问题，更未见到这方面的专题论文。因此，现代散文教学内容的重构是比较困难且不容回避的问题。要建构起当前中学语文现代散文教学的策略，避免现代散文教学出现的问题，颇需对现代散文教学内容的重构加以研究。

值得注意的是，孙绍振教授在1987年出版的《文学创作论》一书中，全面系统地辨析了散文的审美规范，认为散文有两个独有的特征：散文意象的个体优势特征③、情趣依附于特殊的感觉和知觉④。后来，他又在再版的《文学创作论》《文艺性讲演录》里进一步补充了现代散文的理论与知识。其对现代散文的研究与阐述，为语文教育工作者研究现代散文教育教学、进行教学内容重构提供了重要的理论依据。赖瑞云教授在其《混沌阅读》一书中，认为语文教学应该采取“精要”阅读的方法，在教学实践中教师要注重加强对语文教材文学作品的处理。对于如何进行现代散文教学，他从现代散文的文体特征出发谈到了自己的看法，即要把握住散文的情感和趣味，要准确透彻分析散文的形象特征，要关注鉴别散文文体形态的多样性⑤。这对于广大语文教师如何进行现代散文教学、如何选择教学内容很有指导意义。还有部分学者、硕博士论文也谈到与中学散文教学内容选择相关的问题，这对于研究现代散文教学内容的重构问题也有较大的帮助。

此外，许多学者、教研人员及中学语文教师关于中学语文教育、中学语文现代散文教学的研究成果和实践经验，也给了笔者不少有益的启示和一定的帮助。

① 王荣生：《合宜的教学内容是一堂好课的最低标准》，《语文教学通讯》（高中刊）2005年第1期。
② 任玲：《什么样的课是不好的课》，《语文教学通讯》（高中刊）2005年第1期。
③ 孙绍振：《文学创作论》，春风文艺出版社1987年版，第541页。
④ 孙绍振：《文学创作论》，春风文艺出版社1987年版，第560页。
⑤ 赖瑞云：《混沌阅读》，福建教育出版社2003年版，第240-243页。

四、研究内容、思路与方法

（一）研究内容

现代散文作为中学语文教材中的主导文类，其教学的成败得失直接影响着中学语文教育的成败，因而基于这样的考量，本书立足于“语文课程标准”和“语文教学大纲”及语文教材的文献分析，观照中学语文教学的现场，重点研究以下问题：1. 现代散文教学目标与内容的历史演进脉络，在这个历史演进的进程中，现代散文教学给我们留下了什么经验与不足，对现今中学语文现代散文教学有什么启示；2. 立足当下，思考新课改以来中学语文现代散文的现状，出现了哪些问题，分析这些问题出现的原因，如何改进；3. 现代散文教学内容重构的必要性及重构的依据与思路。

（二）研究思路

本书以实现既定目标为宗旨，设定了如下研究思路：

在绪论中，主要是提出问题、阐述选题的缘由、该研究的目的和意义、研究的现状、研究哪些内容、研究的思路和方法等，并界定说明相关的核心概念。

正文部分，首先回顾历史。通过分析语文课程标准、语文教学大纲及语文教材，对中学语文现代散文教学演进历史客观分析，厘清现代散文教学目标与内容的历史演进脉络，归纳出中学语文教材中现代散文的选篇概貌。

然后直面现实。立足当下，展开调研，客观分析在当前中学语文现代散文教学实施中还存在哪些问题。通过调查研究与文献研读，获得第一手材料，准确把握这些问题，进而探讨中学现代散文教学内容重构的必要性。

最后寻求重构策略，相当于问题的解决阶段。通过前面的历史梳理和现实考察，把握住中学现代散文教学演进历程中的关键节点及其决定性因素，基于教学现状，针对存在的问题，努力探求符合现代散文文体特质的教学内容重构路径。

（三）研究方法

1. 文献研究法

为了解中学现代散文教学内容的百年发展，除了要搜集研读相关专著、论文外，还要搜集查阅各个时期的教学大纲及语文课程标准等材料；为了解现代散文教学实施层面的情况，需要搜集各个时期语文教材及相关材料；为真切了解现今中学语文散文教学的状况，需要搜集中学语文散文教学的成功与失败案例，特别是一些一线名师的优秀案例。在充分搜集、查阅相关文献的基础上，对文献进行细致研读、总结归纳。

2. 调查研究法

想要了解中学现代散文教学的状况，除了研读《义务教育语文课程标准（实验稿）》

《普通高中语文课程标准(实验)》，还得将之与后来修订的《义务教育语文课程标准(2011年版)》《普通高中语文课程标准(2017年版)》及《普通高中语文课程标准(2017年版2020年修订)》进行对照研读。当然，中学语文教材等文献也是必须高度关注的材料。除此以外，还需直接深入教学的第一现场，深入师生，把握中学语文课程实施的现实脉搏，从教师和学生那里获得教与学的第一手材料，为进一步研究打下坚实的基础。本研究主要采用问卷调查、访谈与观察的方式来了解中学语文散文教学的现实情况。向初中生、高中生发放问卷，调查对象分布于初中、高中，分布面比较广，样本采集较有代表性，样本数量充足，所获数据较为翔实可靠。同时，与初高中语文教师展开访谈，并进行教学观摩，以期获取最真切的材料。

3. 比较研究法

将新旧语文课程标准、新旧中学语文教材做纵向的比较，且对同一时代的不同语文教材进行横向比较。通过纵向、横向的对比分析，从历史当中探求现代散文教学发展的脉络，从现实的对比中找寻现代散文教学内容建构的策略，从历史和现实的交汇中寻求解决当前问题的路径。

五、核心概念界定

(一)现代散文

李晓红说：“散文的文体概念，与其说是一种理论规范，不如说是在作家创作的基础上，在漫长的文学发展演化过程中，形成的一种约定俗成的，边界并不十分清晰的，内涵也不十分确定的东西”[①]。可以说，对“现代散文”这个概念的认识和框定是比较困难的，其边界也非常难以把握。从不同历史时期有关现代散文的研究看，对“现代散文”的内涵与外延的认识各时期不尽相同。1918年《新青年》发表的“随感录”，被学界普遍认为是现代散文的萌芽。产生于五四新文化运动中的议论性散文，则被认为是现代散文的发轫。这个时期正是五四运动由高潮转入低谷的时期，在这一个“苦闷的时代”，中国文学界名人辈出，产生了一大批现代散文的名家，如鲁迅、朱自清、周作人、冰心、郭沫若、俞平伯、徐志摩等，散文广受追捧，并发展为一种独立的文学类型。

对于中国现代散文的概念内涵、种类划分，散文理论家们一直在不停地探讨，并为此争论不休。在杨牧先生看来，20世纪初以来的白话散文可统称为“近代散文”，这个阐述让人看了还是有些不明白，其对散文的定义比较宽泛，没有深入散文概念的内里，忽视

① 李晓红：《中国当代散文审美建构》，海天出版社1997年版，第45页。

了散文的文体特征。他对散文的种类也有研究与划分，他认为，现代散文可分为小品、记述、寓言、抒情、议论、说理、杂文等，这样的划分，其实标准不尽相同，是不够妥当的。[①]将散文划分为广义散文与狭义散文两类，是在80年代对散文类型的划分比较有代表性的观点。如喻大翔说，现代文学史上的文体划分借鉴西方，即诗歌、小说、戏剧、散文的“四分法”，作为四大文体之一的散文，可以分为广义与狭义两种，广义的散文概念包括诸如杂文、随笔、通讯、报告文学、回忆录等文学样式，而狭义的散文概念则仅是指以记叙或抒情为主要内容的篇幅短小、取材广阔、形式自由而又十分注重文情并茂的文学作品[②]。由此可见，关于现代散文之分类，真可以说是公说公有理，婆说婆有理，说法不尽相同。基于散文内涵界定与理解的相关理论知识，本书拟采用喻大翔先生的观点，其关于散文与现代散文概念的含义以及具体文类的表述是：“凡创作主体运用与自己相关的种种题材，直接将自我的个性、情怀、观点等，以散体文句在较短的篇幅中自由而艺术地表达出来，并进行多重真实主体的情思互动的，都是散文”[③]。在他看来，现代散文可以分为四大类别：一是记叙性散文；二是抒情性散文；三是议论性散文；四是兼类散文。

一是记叙性散文。这种类型的散文在中学语文课本中出现的频率是很高的。在中国的台湾与香港等地区，常常将叙事散文、写景散文分成两类，在内地，则常将二者统一称为记叙性散文。这种文章的写作，常常以时间为线索，记叙某人在某种情况下发生了某件事。时间、地点、人物、对象与事件的起因、经过、结果，是记叙性散文的基本要素，比较注重故事情节的曲折起伏。需要注意的是，记叙散文和小说有相似之处，但二者分属两个不同的文体。两者的区别在于其侧重点不同，小说重在写人，注重人物性格的刻画，情节具有虚构性；记叙散文重在叙事，或对一个事件集中叙述，或是不同事件的罗列，在其中寄寓作者的思想与情感。

二是抒情性散文。文学即人学，无时无刻不在表达情感，但写谁的情、怎样写情是不同的。抒情散文以人为中心，作者借作品抒发亲情、友情、爱情等。一篇抒情散文抒发的情感与作者密切相关。在对情感抒发方式的选择上，或直抒胸臆，或借物抒情，或借景抒情。但是文中的人、事、物、景与理，每字每句无不浸透着作者内心深处最深厚的情感。

三是议论性散文，它又被称为议理散文。议论性散文应该说是新文学中最早发生的形态，而且也是非常典型的散文形态。这种类型的散文，强调文章论点、论据和论证三要素构成的逻辑推理。当然需要注意的是，议论性散文也可以表现人境和意境的特点，也可以用如具象化、类型化等表达技巧，使抽象的观点变得形象和具体，人生的哲理不再难以琢磨。

至于兼类散文，在中学阶段出现得不多，故不做分析。

---

① 郭建平：《初中中国现当代阅读课堂教学研究》，中央民族大学2013年硕士学位论文，第13页。

② 喻大翔：《论散文的内涵与类型》，《海南师范学院学报（人文社会科学版）》2002年第4期。

③ 喻大翔：《现代中文散文十五讲》，同济大学出版社2008年版，第16页。

以上是学界对现代散文分类的一些看法，但在实际教育教学中，现代散文的分类还是有一些差别的。在实际的现代散文教学中，一线中学语文教师为了语文教学的方便，习惯于将语文教材中的选篇划分成记叙文、抒情散文、说明文、议论文四类来进行教学。本书在研究的过程中，注意到了文学研究领域对现代散文的分类，同时也关照到一线中学语文教师对文体分类的看法。为了阐述和表达的方便，本书将所研究的现代散文简称为散文，主要是指一线语文教师常说的记叙散文、抒情散文。

（二）中学语文现代散文教材内容

中学现代散文教材内容是指入选义务教育阶段七至九年级的语文课本及高中语文课本中的现代散文作品。这里的义务教育阶段语文课本主要指两种教材：一种是在 2001 年经全国中小学教材审定委员会初审通过、由人民教育出版社出版的《义务教育语文课程标准实验教科书·语文》七至九年级 6 册；另一种是在 2016 年经教育部审定通过、由人民教育出版社出版的《义务教育教科书·语文》七至九年级 6 册；高中语文课本主要指的是：在 2004 年经全国中小学教材审定委员会初审通过、由人民教育出版社出版的《普通高中课程标准实验教科书·语文》(必修)1~5 册，在研究过程中，为了进行比较，还参考和使用了部分其他版本的语文教材。

（三）中学语文现代散文教学内容

要想弄明白中学语文现代散文教学内容指什么，首先得清楚“语文教学内容”这个概念指的是什么。其实这是个语文教学层面的概念，它需要在教学实践中回应两个问题：首先，针对具体的语文教学情境，要使具体的这班、这组乃至这个学生能有效达成预设的语文课程目标，那教师就需要思考“实际上需要教什么”的问题；其次，为了让具体情境中的这班、这组乃至这个学生能较好地掌握预设的语文课程内容，教师还得要思考“实际上最好用什么去教”的问题。语文教学内容，实际上既包括在语文教学中沿用师生目前所使用的教材内容，也包括语文老师重构的教材内容，即对语文教材的加工、处理、改编或者增删等；既有对语文课程内容的执行，也有在语文课程的实施中任课教师对语文课程内容的创设生成等。教师在语文教学中对语文教学内容的创生，指出了语文教师不仅仅是课程的执行者，还应是课程的研制者，蕴含了“教材无非是个例子”、教学要为学生服务等新课程理念。现代散文作为文学中的一个特别文类，其教学内容的含义是：为了实现现代散文教学的目标，语文教师要在教学实施过程中对现成散文教材内容进行加工、处理、改编或者增删等，而这经过沿用、重构的散文教材内容即构成了现代散文教学内容。中学语文现代散文的教学内容，既应该有教师对语文课程内容的执行，也应该有在语文课程实施过程中教师对语文课程内容的创生。[①] 在初、高中现代散文教育教学实践中，语文教师特别需要思考语文

① 王荣生：《语文科课程论基础》，上海教育出版社 2005 年版，第 247 页。

教学内容的重构问题，要能对现成散文教材内容进行加工、处理、改编或者增删等，将语文课上得有语文味，教学相长，上成师生都喜欢的语文课，避免走入现代散文教学的误区。

第一章　五四运动以来中学现代散文教学的历史回顾

一、五四运动后的中学现代散文教学

五四运动是中国现代史上的重大事件。五四文学革命，是我国文学发展史上的一次空前重大的文学革命。19 世纪末期到 20 世纪初期，中西文化出现前所未有的大撞击、大交流和大融合，在此背景下的文学革命，对中国文学的影响非常深远，中国文学的外部形式和内部结构都发生了巨大变化。不但小说、诗歌和戏剧在写作的各方面发生了变化，更为突出的是，在这场"新文化运动"中，中国的现代散文这一文体应运而生。当时的《新青年》作为新文化运动的主战场，吸引了一大批文人志士的目光，如陈独秀、李大钊、鲁迅、胡适、周作人、钱玄同等，他们纷纷创办刊物、撰写文章，发表了大量的文艺性短评和杂感，这些短评、杂感等，正是中国现代散文的活水源头。

（一）中学现代散文教学的兴起

五四新文化运动犹如一股春风，吹醒了沉睡的头脑，解放了人们的思想。在这场运动中，现代散文作为新文学代表，发展迅猛，日益兴盛，不断超越了许多其他的文学样式，成为文坛璀璨的星辰。

随着散文的蓬勃发展，由于"文选型教科书"呈现出了新面貌，传统的语文教科书逐渐失去优势。以前都是文言文占据语文教科书的主要部分，现如今这种固有的局势改变了，教科书编者以白话、文言分开编排或者将二者混合编排，所选文章具有很强的时代特色。1923 年相继公布了《小学国语课程纲要》《初级中学国语课程纲要》《高级中学国语课程纲要》[①]，硬性规定了如何进行课程的编排，对文体的编排起到限定作用，在一定程度上，也指引着教师对教材的使用。比如，《初级中学国语课程纲要》明确指出，初中学段第一学年的国语教材以抒情文、记叙文为主要文体；第二学年则做出调整，将记叙文更替为说明文，抒情文体的文章保留不变；第三学年学生有了一定的知识基础和语言积累，偏重学习议论文和应用文体。整个教材文体的编排都是按照学生身心发展规律布局的，顺应学生

① 课程教材研究所编：《20 世纪全国中小学语文课程标准・教学大纲汇编・语文卷》，人民教育出版社 2001 年版。

的发展和学习需要。课程纲要是教材选文的重要依据和标准，教材的选文系统是课程标准内容的具体化表现，是达成课标的重要凭借，体现国语的性质和理念。在课程标准的严格要求下，新的语文教材按照文体的形式进行分类编制，主要分为记叙、抒情、议论、说明这几类文体。同时，还出现了以文体、主题、题材、作家、时代划分的多元组织方式编制的语文教材；也有读写相互结合，与语文知识、范文和作业融于一体的综合单元形式的语文教材。在此背景之下，读写混合的语文教材逐步兴起，并有了广泛的影响力。

（二）出现的问题

1935年，夏丏尊、叶圣陶编写的《国文百八课》出版。此书在现代语文教材编写史上有着重要的地位，对语文教育产生了重要的影响。它的结构系统是以文章学体系来编排的，而文话与文法修辞是主要内容，每课都有学习任务，学习任务不在多，每课讲授一个知识点，108课即108个文章学知识。[①]但也正因其以传授文章学知识为语文教学之目的，所以教材编写淡化文体，采取统一模式教学，模糊文体特征，出现了教材混沌的场面。散文这个文体亦是如此，编者直接将其编排到记叙文、抒情文、说明文、议论文几大类文体当中，导致散文教学出现了“三不像”的怪现象，时而当作议论文甚至说明文来教，教师把握不了文体，学生听得稀里糊涂，长此以往，导致散文文体概念、范畴的模糊不清。根据当时的时代背景和实际需要，教育部门颁布的课程标准明确指出了应用文体在现实生活中的重要作用，明确了应用文体在课程标准中的重要性。由于文章的“实用性”被凸显，课程标准以文件形式对其进行规定，使得广义散文的实用性像应用文、说明文一样被放大，因应用文、说明文等文体的身份提高，散文“实用性”地位也越来越高。因此，散文“实用性”被无限地放大，而散文本身的文学趣味和审美性却被削弱了，这也是后来乃至今天很多一线教师将散文上成议论文或者其他文体的重要原因之一。

这个时期的教材主要由“文话”“选文”“文法修辞常识”和“习问”四个部分构成一套完整科学的初中语文教学体系，这里的“文话”是指阅读写作指导板块，“习问”是练习和问题板块，整个教材编排是借鉴《国文百八课》的编排形式，教材共有七十二个主题，分别结合阅读教学内容向学生讲解文章的写作方法。

新文学的发展给散文的学术研究带来了突破性的成果，遗憾的是散文的类型范畴问题未得到妥善的解决。散文被周作人、胡适等人视为美文和小品文，而鲁迅先生却对此持批评态度，认为周作人、林语堂等人的散文只是闲适的“小摆设”，而他主张“生存的小品文”，即以笔为刀的杂文。朱自清先生则认为：“散文不能算作纯艺术品，其与诗、小说、戏剧有高下之别。”[②]20世纪初，由于当时社会革命的变化莫测，文坛在其中发挥着重要作用，各种文学体裁侧重写实、功利的作用，有意忽略或是淡化文体的独有特征，从而延缓了对散文之概念、特性、鉴赏、运用等相关问题的基本研究。

---

① 夏丏尊、叶圣陶编：《国文百八课》，生活·读书·新知三联书店2008年版，第1-5页。

② 朱自清：《朱自清散文选集·背影序》，原载《文学周报》1928年11月25日第345期。

对于现代散文的研究本应向更深层次探索，但因范畴泛化而止步不前，理论研究的空白与缺失给散文教学实践带来了后患之忧。理论是指导实践的，散文理论性知识的廓清和建立不容马虎，整个中学语文散文教学的理论知识和教学内容重构成了现代散文教学的头等大事。

20 世纪中前期的中国处于水深火热的战乱时期，当时强调文学服从于政治，呼吁全国百姓抵御敌寇、保家卫国。由此造成了文学的真实性有所隐匿，取而代之的是政治宣传的倾向性。[①] 文学创作由多元化走向统一，散文的政治化色彩被放大。新中国成立后很长一段时期内，语文课程也因之成为政治的传声筒。

二、新中国成立后的中学现代散文教学

（一）蓬勃发展的散文创作影响下的固定教学模式

新中国成立后，散文创作蓬勃发展，作家作品层出不穷，气象一新，其详情无须赘述。但在教学领域，20 世纪 50 年代却是中学现代散文教学思维定式的形成阶段。这个阶段形成的思维定式根深蒂固，严重阻碍人们破除对“权威”的迷信，使得现代散文教学难以在指导思想上获得解放，也使得教师在教学过程中，面对学生的种种疑问不仅无法回答，而且难以做出更多的思考以及自我反省。

20 世纪 60 年代，出现了杨朔、秦牧、刘白羽三大散文名家。杨朔主张写出一种诗化的散文。他的散文集一发表，便引起众多文学爱好者的极大兴趣和众人的追捧，在文学界引起了强烈反响，由此散文诗化的观念逐渐深入人心。此后的数十年里，中学语文教材大量长时间选入杨朔、秦牧、刘白羽的散文作品。诗化散文的蓬勃发展，使得散文创作迅猛崛起并形成一定的教学模式，这对中学现代散文教学产生了重大影响。

杨朔的散文作品虽不乏佳作，其最大的优点是多写普通群众，美化其心灵世界，提高其精神境界，但其缺点也显而易见，大多是迎合当时的政治需求，牺牲“小我”，成全“群体”，放弃自己的情感和个性，追求“创造神话的年代”的“美文”，多数篇章甚至是“复制粘贴”式的创作。从文学言语上鼓舞群众的斗志，从精神上进行灌输、熏陶，引领大家回避现实问题，把希望寄托在虚无缥缈的华丽辞藻间。马俊山认为，杨朔的散文无异于当时的报章通讯或社论评述，毫无作家自己的个性和独特认识。[②] 杨朔的文学作品并非个例，他是这个时代散文创作的代表，作家们在当时的政治文化背景下，大都淡化个人的情感体验，放弃自我，自觉不自觉地皈依群体。

① 江震龙：《解放区散文研究》，上海三联书店 2005 年版，第 172 页。

② 马俊山：《走出现代文学的“神话”》，中国社会科学出版社 2002 年版，第 150-151 页。

马俊山指出，杨朔散文之基本内容包括一片好风景、几个小人物，外加一段巧故事[①]。显而易见的是，杨朔的散文是一种模板套路，注重文章的结构布局，选材单一、固定，类似八股。这种过于形式化、稳定性的文章结构层次，内容逃离现实生活，泛泛而谈，更多体现的是虚情假意，看多了难免使人感到乏味，缺少新意。创作来源于生活、实践，所以散文创作应建立在作者的人生感悟和生活经历的基础之上，它体现的是生活的真实以及作者本身的情感变化，杨式散文直接摒弃了散文的本质，有意忽略个性追求，注定走向末路。

固定的散文模式必然导致现代散文教学的模式化。连续数十年里，杨朔式散文在语文教科书中有着举足轻重的地位，成为现代散文教学的范本。教师备课方便，只需掌握这种散文模式，即可灵活运用于任何一篇散文；学生从中学习采纳散文写作的技巧：写景—抒情—升华点题，这既易于教师的教也易于学生的学。但是这种教学束缚了教师和学生的思维，遏制甚至扼杀了他们的想象力、创造力，学校教学就像是一个机械化的工厂，教师就像工人，每次教学都按照固定的流程走一遍，教出来的学生就像工厂每天产出的单一产品。课堂上多无生机，缺少教师与学生的思想碰撞，只有机械的死记硬背，所以日复一日，年复一年，教师和学生都失去了自我，成为政治上没有思想和灵魂的傀儡。[②]这种教学模式是根深蒂固的，现如今语文教学仍有“填鸭式教学”“灌输式教学”，以理性分析代替感性体悟，划分文章结构层次梳理课文思路后忽略探索这样划分层次的真正意图，对文质兼美的散文进行抽象的概括和分析，以所谓的“标准答案”取代了学生们的个性解读。比如，不少老师最常用的句式就是“通过……表达了（歌颂了、赞扬了）……”这种僵化的教学方式，无疑是将文本情真意切的情感内涵简单化了，甚至可以说是舍弃掉了，由此丧失了散文文体本身的生动性、自然性。

（二）散文理论思考下的中学现代散文教学

回顾历史，在20世纪60年代以前从未展开一次真正意义上的散文研讨交流大会，散文理论陈旧、脱离文学审美，更加突出散文的工具性目的和手段。虽然当时社会政治生活严重失常，但资深的老一辈散文评论家仍在艰苦奋斗，哪怕这些努力终究只是竹篮打水一场空，他们也在奋力挣扎，只为他们真的懂散文，想拯救散文。历经多年风波之后，文人们的内心开始觉醒，逐渐思考散文的政治化问题。

60年代，受散文交流大会的影响，散文作家的创作意识再次被唤醒，佳作频出，如散文名家吴伯箫、刘白羽、杨朔、秦牧等人就创作出了一批有别于以前的散文作品，深受广大读者的喜爱，同时再一次将散文推上一个文学创作高峰。《人民日报》特设“笔谈散文”讨论专栏，为进一步探讨、归纳总结散文理论。这一次各个散文大家都吸取以往散文讨论经验，限定了要集中就“散文”文体来谈散文，切忌淡化文体，出现混沌的情况，以

① 马俊山：《走出现代文学的“神话”》，中国社会科学出版社2000年版，第158页。

② 郭艳：《论散文与中学语文教育》，西南师范大学2004年硕士学位论文，第14页。

保证此次交流成为一次真正有意义的散文讨论会。比较突出的有，肖云儒《形散神不散》、余南飞《定体则无、大体须有》、师陀《散文忌散》等文章，前两篇主要是从散文的“散”与“不散”分别进行了客观理性的阐述，而后一篇则融会贯通了各家主张，认为散文是“形散神不散”的文体。其所说的“神不散”，主要是说散文内容“中心明确、紧凑集中、不再赘述”。而“形散”，指的是散文构词造句、篇章结构“运笔如风、不拘成法”。于是乎散文的“形散神不散”就此传播开来，受到读者和文学界的一致好评。直至今日，这个理论仍然在指导散文解读及教学。

从理论上说，“形散神不散”理论的形成，意味着散文开始从政治中脱离出来，远离社会政治化批评，更加注重文体理论的探究，对整个文学界来说，标志着散文发展更上一层楼，有着积极的作用。光是理论进步还不行，必须综合考虑实际情况。实践中还有许多不可预测的问题，与理论会产生矛盾，造成不可忽略的负面影响。“形散神不散”理论虽然理念超前，但由于历史条件的局限，实际上这一理论比较粗线条，提出了观点却没能很好加以论证，导致许多人在实践中对这一理论的认识与理解过于浅显、表面、单一，教师也难以在散文教学中驾驭这一理论。散文要在一定程度上加以规范，要排除自由、散漫的特点，对于散文怎么去写，如何抒发真挚的情感，文章从立意、选材、结构脉络和表现手法等各个方面都要加以限定。受这种散文创作理论的影响，这一时期出现一些文学范本，如杨朔的“景—人—事—理”，刘白羽“日出”“晨光”式的抒情手法，以及秦牧用红调子作为“保险”的知识散文等，这在很大程度上局限了散文情感的丰富性、复杂性的抒发，使得散文缺少内在的“真”与“实”。

当然话说回来，文学是时代的产物。回顾历史，再次思考杨朔、刘白羽、秦牧等散文作家当时提倡的散文模式化，我们还不得不敬佩这些文学散文家，当广大平民百姓缺吃少穿时，仍然相信“共产主义就在眼前”，杨朔以勇毅力推《荔枝蜜》《泰山极顶》等散文作品，激励人们继续奋斗、攻坚克难、共渡难关。虽然物质生活不充裕，但仅有的精神食粮也能增强人们克服困难的勇气和信心，刘白羽、秦牧等人的作品亦是如此。这些作品的出现不是毫无根据的，它们都是在特定的历史条件下的特殊而有意义的产物。因此，我们要尊重这些作家，理解和把握散文的发展规律，既要接纳、尊重它在发展中存在的不足，也要发现它存在的意义，探索其中的奥秘。

（三）“工具论”影响下的中学现代散文教学

作为“解放斗争的武器”的无产阶级文学艺术，需要站在解放无产阶级斗争的战线上，打破保守要素，发展进步要素。当时盛行的现代白话散文也被运用起来为政治服务，甚至牺牲散文自身的艺术性。此时，散文的审美意识已被工具意识所取代。“散文是最为灵活多样的文学形式，既能迅速地反映现实，又容易为广大群众所控制和运用。社会主义革命和建设事业的蓬勃发展，人民群众的英雄业绩，社会生活领域的日新月异，都需要散文给予迅速反映；广大群众对散文日益增长的要求，也激发着散文家和业余作家的写作热情”[①]。在这样的背景下，中学语文教学选用的教材深受影响，入选的教材多为政治斗争的散文篇目，以唤起中学生的斗争精神和爱国情怀，但使学生失去了“自我意识”和审美情趣，散文教学自身也丧失了其所具有的教育意义。

关于“工具论”影响下，尤其是“文革”时期中学现代散文就教学的种种表现，如现代散文教学为政治斗争服务之类，学界谈论较多，此处从略。

（四）改革开放以来的中学现代散文教学

1. 拨乱反正时期 (1978—1985) 的中学现代散文教学

（1）教学大纲体现的教学导向

语文教学大纲是由中华人民共和国教育部制定的指导语文教育的纲领性文件。文件里指出了语文学科性质、本质，直接对语文教育做出科学指导，关系到教什么、怎么教的问题。从历史上看，我国语文教育道路坎坷，直到“文革”结束至 20 世纪 80 年代，语文教育逐渐摆脱各方面的束缚，在语文教育者的共同努力下，语文教学进入一个新的发展时期。语文教育开始注重思想情感的感染和熏陶，追寻个性色彩，并充分发挥语文学科的基础工具性作用。前文已述，文学是时代的文学，因此，散文仍与时政挂钩，突显政治性，在课堂教学过程中将语文学科的政治性落实到位，主要体现在教师对学生的人生观、世界观以及道德品格的教育上。通过具体课文的教学，丰富学生的精神世界，以提高学生的审美情趣。20 世纪 70 年代末颁布新的语文教学大纲，出版全国通用的教材，语文教改进入一个新的发展时期。

马克思主义是我们一切工作的指导思想，1978 年颁布的中学语文教学大纲自然也不例外。大纲涵盖了语文教学目标，对语文教材的使用有一定的限定、指引作用。具体的教学目标要落实到“这一课”的文本，需要教师多下些功夫。根据大纲的规定，教师在引导学生学习课文和语文基础知识时，站在马克思主义立场，采用马克思主义科学的观点和方法教导学生，进行严格的阅读、写作、口语交际等方面的训练，在课堂上积极调动学生的学习兴趣，利用品析文本语言文字、分析人物形象等重要内容，做到“言”“文”统一，扩充学生的文化知识、文学知识、文章学知识，使学生的思维得到进一步的升华，形成健全的人格和品质，树立正确的世界观、人生观、价值观，形成科学的方法论。在阅读教学和写作教学中，应该有意识地去培养学生正确理解、准确使用语言的能力，逐渐掌握系统的语言运用规律，能够阅读各种题材的文学作品，并能够参与各种体裁的写作训练。大纲指出，学生要能阅读报纸、文艺读物，透过言语形式的学习，参悟文章词句背后的意蕴以及文本的内容，理清文章思路，探究文章想要传递的思想品质和人文精神；根据平时的阅读学习积累，能写一些学习过的文体文章，比如，记叙文、说明文、议论文等，而且必须

① 华中师范大学《中国当代文学》编写组编：《中国当代文学》，上海文艺出版社 1983 年版。

立意新、内容真、结构好、语言顺、标点对。以上就是大纲规定的初级中学语文的教学目的。初中各年级的具体要求如表 1–1 所示：

表 1–1　1978 年中学语文教学大纲对初中各年级的具体要求

年级	记叙文读写训练要求
初一年级	着重培养记叙能力，写记叙文力求中心明确，内容具体，条理清楚，前后一贯，首尾一致
初二年级	继续培养记叙能力
初三年级	学习在记叙中运用议论和抒情的表达方式

由此可见，教材要有计划、有组织地进行系统的编制，由易到难、由浅到深、由表及里、由课内拓展到课外，将思想政治教育渗透到整个教学过程中，反复进行，逐步加深。但该阶段的语文教育仍是以思想政治教育为主导方向的，通过语文课堂，教化大家的思想，达成一定的思想共识，具有较浓厚的政治色彩。

1966—1976 年的"文化大革命"虽然已经结束，但强调政治思想宣传依然很紧，语文课文教学必须涵盖思想政治教育，一篇小说、一首诗歌、一个历史故事或者是一篇散文，都必须体现一个政治思想或者一个政治道理。从 20 世纪 70 年代末到 80 年代末对颁布的教学大纲进行过多次修订，可以明显看出这一趋势。当时，教育界曾多次进行教学大纲的修订，以下将从语文教学内容的选取与确定、教学目标的确定这两个维度，对比分析 1978 年和 1980 年的语文教学大纲是如何凸显思想教育的地位的。我们现将其中相关的核心内容摘录如下，以对照参考。

表 1–2　1978 年和 1980 年两个大纲中相关核心内容对照

1978 年	《全日制十年制中学语文教学大纲（试行草案）》	学生学好语文，对于学好其他各门学科，提高思想政治觉悟和掌握文化科学知识，迅速成长为又红又专的人才，有着重要的作用。
1980 年	《全日制十年制中学语文教学大纲（试行草案）》	学生学语文，对于学好其他各门学科，提高思想政治觉悟和掌握文化科学知识，迅速成长为又红又专的人才，有着重要的作用。

语文教学侧重思想政治教育，并把它当成一项重要指标。叶圣陶先生认为，语文教师的职责即在于授予知识、启发和感染学生，使学生在求真务实和崇尚美德的道路上勇往直前。虽然散文教学在 1978 年的大纲中没有单独提到，但从大纲中，可以看出教养在语文

教学中的重要性，即思想政治教育仍然是语文课程的重中之重，强调利用语文教材的选文，当然也包括了利用好教材中的散文选文，对学生进行道德情操的培养，但是在教学过程中要注意处理好语文教学知识传授、能力培养与思想政治教育三者之间的关系。

（2）教材中现代散文的构成

语文教学大纲是语文教材编写的重要依据，大纲对语文教材的选文具有一定的限定作用，对教材的使用起到引领、指导的作用。这个时期，教材的选文系统根据语文教学大纲的要求来确定，以文体和写作特点进行单元编排、课文划分，每册教材编入三十篇课文，有记叙文、说明文、议论文、诗歌、短文、文言文单元。而对散文的划分尚未明确，没有将散文文体单独编排为独立单元，而是将有的散文篇目归属于记叙文单元，也有的与记叙文共同组成单元。如1978—1985年人教版初中语文课本中散文为选文的单元，详见表1–3。

表1–3　1978—1985年人教版初中语文课本中散文为选文的单元

册数	散文为选文的单元
第三册	《背影》《茶花赋》《记一辆纺车》
第五册	《白杨礼赞》《松树的风格》《回忆我的母亲》《藤野先生》
第六册	《挥手之间》《澜沧江边的蝴蝶会》《菜园小记》

我们可从单元的任务去了解散文教学：以人教版初中语文教材为例，其中第三册共包含四个单元的记叙文体，第三单元是本册的重点学习单元，第二单元记叙文编排了三篇散文，其教学目标是让学生结合知识短文《描写和说明》从文章学习的角度掌握记叙文的细节描写，将记叙文的写作手法应用到作文写作中；开始学习人物描写、环境描写的基本知识。另外三个记叙文单元(第一、二、六单元)，则是与第三单元相互配合的。第一单元主要让学生学习记叙事物时“以小见大”的写法；第二单元，学生学会记叙与抒情相结合的写作方法；第六单元，强调学生对人物描写、环境描写方法的学习。

第五册的单元安排是这样的：在第一单元中，安排了四篇散文，在该册中，又有三个记叙文单元(第一、三、六单元)。第六单元要求重点学习，安排的是小说文体，让同学们了解小说文体的基本知识，学习表达技巧，了解人物肖像、动作、神态等描写手法的作用。而散文文体在记叙文中的运用，主要表现为象征的手法，不仅让学生领会其手法，还可以让学生得到积累，积淀不少的好词好句。

第六册则以散文选文为主，在该册中的记叙文共包含三个单元，它们是第二、五、七单元。其中《菜园小记》一文将记叙、描写、抒情融合在一起了，写得纯真自然；《挥手之间》目的在于让学生学习夹叙夹议以及抒情性的、场面性的描写方式，由此突显文本的感性与理性并存，有一定感染力；《澜沧江边的蝴蝶会》重在记叙中将描写、说明的手法结合运用，给文章增添不少的趣味性。本单元除了课文的学习之外，还提供文章学的一些基础知识，在知识短文《几种表达方式的综合运用》一文中就有体现。通过学习课文的具体描写，再从知识短文中归纳总结这些表现手法的使用，参照课文这个范例，告诉学生记叙文写作不唯记叙一种笔法，要适当参酌其他的表现方法，只有这样的文章才不显得平淡、枯燥乏味。

从课文教学内容维度了解散文教学：文学是时代的文学，散文亦是如此，具有鲜明的时代特征。根据大纲教材编排的要求，以马克思主义的立场、观点和方法指导语文教学，尤其是思想政治教育的内容方面。

《背影》一文的教学目标是：通过品味语言，结合作者的生平及写作背景，抓住父亲和“我”的情感变化，掌握叙事与抒情相结合的描写手法，正确理解文本中父与子之间复杂的情感，既有怀念之情也有愧疚之情。散文《澜沧江边的蝴蝶会》，可以将此文层层衬托、突出中心的写法作为教学重点；作为文质兼美的作品，其精练的语言务必学习，使学生在阅读教学过程中养成锤炼文字的好习惯；通过文章的感染和熏陶作用，提升学生的思维品质，增强学生热爱祖国的感情；《白杨礼赞》的教学内容可以选取文本中富有象征意义的事物，将这些事物带入文中特定的语境，品析语言，了解课文托物抒情的写法，学习文中革命人民的质朴、坚韧、积极向上的精神，体悟作者对革命人民的赞美之情。

从以上散文在教材中的分布情况我们可以看到，这个时期的语文教学，选文思想感情的抒发、文章的写作技巧是散文的重点教学内容。散文文体和记叙文文体没有明显的分界线，将散文当成记叙文教学，忽略文体的差异性，淡化文体特征，只注重人文内容，将言语内容淡化，出现了一些教学内容方面的问题。小说也当记叙文来学，文体混乱，最终目标指向了让学生掌握和运用记叙文来写作的能力。散文是一类能够极致表现个人特色的文体样式，比如，优美的语言就是其中一大特色，这一时期却并没有将品味语言作为教学的重点内容，可以说散文教学已失去它原本的意义，此时的散文只不过是为记叙文教学服务的，更多是强调散文的工具性这一功能，忽视了散文最本质的东西。

（3）现代散文教学过程的实施

语文教学必须发挥它的工具性作用，教会学生应该学习什么样的知识和技能。20世纪80年代，语文教育家叶圣陶先生对语文教学内容提出了序列化的问题，他认为语文教师要针对如何应对语文课堂进行认真研究，分析、教会学生知识和技能，这些知识和技能包括哪些具体的能力，教师要将它们按序列排好，这不仅使得语文知识序列化了，还由此提高了学生的语文水平。他还主张文本分析的教学方法，即通过演绎和分析课文，总结出来一套标准答案。

受此教学理念的长期影响，散文教学分析基本形成了三大步骤：第一步，概括作者所要表达的思想感情与本篇文章的主要内容；第二步，是对文章段落及段落大意进行划分归纳；第三步，主要对文章的写作手法进行合理分析。教学则利用文章分析的形式展开，把思想情操从语言文字的巧妙蕴寓中分析出来，有机地结合并掌握思想教育与语文基础知识，使学生在感情上受到熏陶。教学实施过程总共有四个阶段：第一阶段是“起始”；第二阶段是“阅读和分析”；第三阶段是“结束”；第四阶段是“复习”。

这一时期语文阅读教学过程基本都是按照以上模式来实施的。教师首先是进行文章作者、写作背景的简要介绍；继而划分层次段落，概括文章大意；最后是分析文章的内容，并且总结文章的中心思想以及艺术手法等一系列的逻辑教学。同时，需要对文本进行精确、透彻的语言表达，运用逻辑思维揭示文章的内在联系。不管教授什么样的课文，总是不自觉地披上某种政治制度的外衣，总是去宣传一些思想，典型的有这篇文章都“赞扬了什么”“歌颂了什么”“揭露了什么”等说法，这种用政治的阅读方法和手段去解读课文的方式，致使课堂比较混乱，甚至语文课被上成了政治教育课。

1978 年，新的语文教学大纲颁布施行。在此大纲的指导下，出版了全国通用的中学语文教材。十年“文革”结束，经济社会文化进入快速发展时期，语文教育也随之发展。这一时期的语文教学大纲明确要求处理好思政教育与读写训练之间的关系，不是非此即彼的，而是辩证统一的关系。语文教学中的读写训练要注意以正确的观念为指导，在读写训练的过程中进行思想政治教育，两者缺一不可、不可偏废，犹如鸟之双翼、车之两轮，这在语文教学中占据着重要地位。

1978 年，吕叔湘先生直接指出当时的语文教育存在的问题，即“中小学语文教学效果很差，中学语文毕业生语文水平低，大家都知道，但是对少、慢、差、费的严重程度，恐怕还认识不足”[①]。他的这段话表明了“文革”结束后语文教育已病入膏肓，面对问题重重的语文教学，这一代的语文教育家没有放弃，他们尊重语文的历史发展规律，力求实现语文教育的有效与高效。于是在 20 世纪 80 年代，叶圣陶先生对语文教师在语文课程上应教会学生的知识和技能有哪些做了认真研究，就此提出了语文教学内容的序列化问题。即这些知识和技能包括哪些具体内容，它们之前应该有个先后顺序，先教会哪个，后教会哪个，需要循环练习进行强化的有哪些，需要相互交叉以及渗透的有哪些。根据语文教学大纲来培养语文教学能力，具体细化分为知识点和训练点，组成无数的知识体系；再利用单元组织形式，将语文知识设计于教学中；在教学实施的过程中，学生无形中将知识转化为能力，并在课堂上加强训练，以此使学生形成记忆。以记叙文为例，按照自身特点自行组织教学单元，形成阅读和写作相结合的结构链条，使各类单元交叉组合，在学段和学年的不同之中各有侧重。语文能力培养包括很多方面，即听、说、读、写等；文体的类型多种多样，有小说、散文、诗歌、戏剧等；各学段的语文知识学习不是散落的，从小学到大学的知识都是系统的，是一条比较清晰的知识线。语文教学应做到点、线、面的联结。

① 全国中语会编：《叶圣陶吕叔湘和张志公语文教育论文集》，开明出版社 1995 年版，第 151 页。

从这一时期的语文教学来看，既有利也有弊。好的方面主要有：一方面语文“少、慢、差”的弊端在很大程度上减轻了，知识点更加清晰、明确了，此时学生的阅读水平和写作能力也得到了一定的提高。另一方面，经研究发现，散文教学在价值取向上受社会政治、经济、文化的影响比较严重，课堂教学目标、教学行为等都受到教育的工具理性所制约。中学散文教学本应是“以文学为手段的教育”，强调教师引导学生领略散文的美，但这一时期的散文教学并没有真正立足于文学来教学，关注的是学生良好思想品德的教育，而不是散文本身的形象美、情感美和语言美。教学中非常强调学生如何掌握相关的语文知识，怎样提高学生的阅读和写作水平，但是却忽略了对学生如何去体验作者情感的审美教育。

2. 正式大纲引领时期 (1986—1992) 的中学现代散文教学

（1）大纲所体现的教学导向

80 年代末到 90 年代初，又编写了一批语文课本，其中散文占比相较于前期已提高了不少，达到了 20%。但编排理念由于受科学主义思潮的影响较大，语文学科系统还是以语言学、文章学为主，教学的内容仍是以常用文体为主。教育界人士柳斌在 1990 年提出：语文教学内容应该是多元的，语文教材编者更应该重视提高学生的语言表达能力，有意有效地增加一些语言实践活动，而言语形式的学习是语文实践活动的基础，要为课堂上师生双边活动服务，即教师与学生开展思维活动，进行思维的碰撞[①]。

在此期的中学语文教学大纲中，语文学科的教学内容包括三个方面：一是包括汉语知识、语言修辞、文学常识、文体知识等一类的基础知识的掌握；二是重视学生听说读写等的语文基本功的训练；三是教师指导学生阅读课文，课文是语文课堂教学的主要内容。以课文作为凭借和范例，讲授语文知识，培养语文能力，进行思想教育，培养审美情趣。其具体内容如表 1–4 所示：

表 1–4　1986—1992 年中学语文教学大纲对初中各年级记叙文阅读能力的具体要求

学段	记叙文阅读能力的要求
初一	着重培养阅读一般记叙文的能力，能理解文章思想内容，体会记叙文语言的生动性，了解记叙的要素、人物和顺序，理解详写、略写同表达中心思想的关系，能概括段意和中心思想
初二	继续培养阅读一般记叙文的能力
初三	初步了解文章中综合运用记叙、说明、议论、描写、抒情等多种表达方式的作用

（2）教材中现代散文的构成

① 刘国正：《实和活：刘国正语文教育文选》，人民教育出版社 1995 年版，第 235 页。

根据修订大纲的规定，初中语文课本选入的课文不少于 180 篇，课文数量的增多，是为了增加学生的阅读量，扩大知识猎取面。课程进行相应的分类，讲读课是以教师的讲授为主，以教师模范试读、学生自主阅读相结合的教学方式进行教学的过程；课内自读是在语文教学活动中，教师采取让学生自读的方式，让学生从朗读中体会文本感情；课外自读则是指学生经过语文课堂的学习后获得知识、方法，课后利用空余时间自觉阅读类似的文章。总体而言，这三种课程改变了以往教师满堂灌的状况，既体现教师的指导作用又能体现学生阅读的主体地位，还减轻了教师的授课负担。这个时期的语文课文被分为三大类：第一类是适用于生活实际需要的实用类型的文章，关于某个事物的说明文，讲明某种道理、哲理的议论文等归属于此类文章；第二类是文学类的作品，如剧情扣人心弦的戏剧、典雅的诗歌、文采焕发的散文等；第三类是经典的文言文类。由于某些文体的概念模糊不清，无法进行界定，将各种小类安插到大类别的文体中。结合当时语文教育发展的实际情况看，这确实是一个进步，至少进行了分类。我们要尊重语文教育的历史发展，不能将其全盘否定。

从教材的选文情况可以看出，现代文的占比在逐渐上升，约为 80%。这些被选入的现代文基本上是能反映当时的社会生活，体现当时的时代精神的。以初中语文教材第四册中记叙文为例，记叙文横跨三个单元，每个单元的教学要求各不相同：第一单元侧重了解散文“形神”的特点以及写物寄意的写作手法；第三单元重点教学理解结构、语言特点，开始具体到叙事散文，这是现代散文教学上的进步；第七单元指导学生通过分析环境描写，学习和掌握人物描写的方法。相应地，每个单元还配套作文训练，这也是当时现代散文教学的一大突破，一方面教会学生关于散文的知识和欣赏散文作品的方法；另一方面，实现语文教学的实践性。例如，人教版初中第四册 (1988 版) 语文课本中记叙文单元，详见表 1–5：

表 1–5　1986 年—1992 年人教版初中语文教材记叙文单元安排一览

单元	教学要求	作文训练	基础知识
一单元	了解散文“形散神不散”，写物寄意的特点，理解象征手法	写物寄意	句子的用途，怎样辨别句子的正误
三单元	了解叙事散文的特点，理解散文结构、语言	记自己深受感动的事	
七单元	了解环境描写的作用，继续学习人物描写的方法	叙述比较复杂的事情	

整个大单元的教学重点比较宏观，不过也给出了大致的教学方向，每一篇文章的具体教学内容需要针对这一篇文本的特征做出细致的选择。《白杨礼赞》是一篇现代散文作品，在梳理文章结构、揣摩语言等环节中，看看作者是如何赞美白杨树的精神品质，综合理解

散文“形散神不散”的特点；《茶花赋》是作者借“茶花赋”的形象传达一个特别的象征意义，需要学生用心灵去感应、体悟；《松树的风格》同《茶花赋》一样，借用“松树”来象征内心情感，只不过二者的抒情方式和抒发的情感有所不同。

当时的初中语文教材中记叙文和诸多文体是混合在一起的，现代散文也不例外，因为它们共同归属于文学作品这一大类。虽然当时关于这方面的研究少之又少，没有给每个文体做个界定，但是每篇散文的独特性仍然存在，从每一篇散文的教学侧重点就可以看得出来。这里面是有诸多不可控因素的，文学作品是灵活的，不是死板的东西，不能三两句话将其限定于此。

（3）现代散文教学过程的实施

此期的散文教学仍以分析字词句为主，但已不再遵循之前先介绍作者、写作背景，再分析文本、文本的感情色彩和文章所包含的知识那种方式，而是先对文本进行分析，其次运用文本所涉及的修辞手法和感情色彩培养学生阅读能力。散文在单元教学中以文体知识与能力训练为主成为教学重点，分析散文“形散神不散”的特点及文章所隐藏的线索和修辞手法。从散文“形散神不散”的基本特点出发，可以突破时间与空间的界限，从而可以对古今之事进行深度挖掘并加以研究。文章的线索在散文中起到贯穿全文的作用，使文章结构“散”而紧密联系，也使作品主题清晰明了。散文的基本特点是展开散文阅读教学的基本依据。同时，叙事、抒情、说理等类别的散文教学，通过对文章结构、线索、修辞手法和行文脉络的把握，来了解散文“形散而神不散”的特点，领会文质兼美的语言表达与结构层次。

通过教学《白杨礼赞》这篇选文，让学生掌握白杨树的特征，教师要注意从多个角度对他们进行引导，使学生对白杨树的象征意义理解得更加准确，从而达到对课文象征意义的认识，拓宽学生对象征手法的理解；《井冈翠竹》则需要抓住翠竹的实质进行分析，引导学生以实景为出发点展开联想，不仅注意把握翠竹象征的实质，还要仔细辨明翠竹的象征手法。学生通过对《松树的风格》一文的学习，学会使用联想的辞格；《茶花赋》则意图培养学生如何寻找和把握事物之间的相似点，由此产生和提高“相似联想”的能力。在课文教学之中引导学生，提高学生对事物观察以及产生相似联想，拓展学生思维能力、想象能力。

散文文体教学不是一蹴而就的，而是一个螺旋式上升的过程，需要逐步深入，不断将知识转化为能力，这种转化的能力的实质就是一种技能。而这个时期的语文教育教学的重点是教给学生规律性的东西，要揭示语文知识的规律。学会辨别散文文体的各种样态，学会分析文章的写作特色、写作意图，抓住作者的情感意图。传授散文写作规则，使学生面对类似的文章或事物时能够举一反三，在写作中能够巧妙运用，如此便可提高学生的文本解读能力。知识转化为能力是一个循序渐进的过程，知识和能力之间的相互转化、循环往复，不断螺旋上升，使分析问题、解决问题的能力逐渐提高，最终形成技能和习惯。[①]所以，培养学生的语文阅读能力、掌握相关基础知识，培养学生一定的语文阅读习惯成为此期语文教育的终极追求。然而这种一味地强调散文工具性的做法，又使散文的韵味渐渐淡化了。

80 年代中期，在中学语文教学中，语文知识的传授格外受重视，由于新建立的知识结构琐碎而又庞杂，与知识序列化和规律化的追求背道而驰，因而遭到严重质疑。所以20世纪90年代的语文大纲修订和教材编排，就很注意避免这个问题，将语文知识加以简化，把要求和难度降低，从而减轻学生的学习负担，着重培养学生的语言感受力，训练学生的语文能力。总而言之，语文学科“知识中心”在教材中仍然留有痕迹，知识选择也比较严重。从知识结构的角度来说，语文教材不仅强调文章的语法或修辞知识的重要，也强调加强听、说、读、写方面的知识。

语法和修辞知识，主要谈的是词语、句式、段落及语句修辞等，这些知识在教材中不是独立呈现的，而是通过课后思考、课后练习题的方式呈现出来的。教师在进行课文分析讲解的过程中，就把与课后思考和课后练习有关的语法、修辞知识一并教授了。这种“随文学习”的方式将知识的讲解与学习变得不那么呆板，让学生在无形之中学到知识，不断加以巩固，这比直接进行语法和修辞的专项学习更能让学生接受，效果也更好，这是知识教学的进步。在实际的语文教学中，教师也更愿意采用这种传授知识的方式。

由此可见，学生一旦掌握了一定的文体知识、文章读法，是有利于提升自己的阅读和写作能力的。在语文教学的过程中，把阅读、写作和学习常识搭配起来，不仅能够提高教学效率和水平，还能够真正让学生得到思维能力的提升。但是使用统一的教学模式，会使文质兼美的文章进入固有轨道。简单粗暴地去处理本身复杂多蕴的文本，无疑使文本魅力弱化了。

3. 义务教育实施初期（1993—2001）的中学现代散文教学

（1）大纲所体现的教学导向

进入 90 年代，教育界开始风行“应试教育”，语文教学从“文道统一”影响下的华丽辞藻与政治思想精神的并驾齐驱逐步向工具化、技能化方向转变。语文教材编排的重点和语文课堂的教学内容的选取开始从文章之字词句与提炼主旨训练着手。可以说，语文教学又从一个思想教育极端走向另一个工具性极端，片面强调工具性，忽略了其他精神、思想层面的感染与熏陶，这引起了语文教育界的高度重视。

这个时期的语文教学殿堂又增添“语感”新知识，对此全国语文教学界还展开一场辩驳大会，以语文教学中的“文章分析式”和“追寻文本思想”两种教学方式为讨论的核心。从教学实践来说，这场讨论以多角度的眼光来探讨语感教学是否就是语文教学，而后产生诸多关于语感研究及其知识积累与能力培养的论文，例如，熊成钢的《语感与直觉思维浅

① 徐轩：《新时期中学散文教学的回顾与反思》，湖南师范大学 2010 年硕士学位论文，第 27 页。

议》、韦志成的《论语感及其训练》，等等。这时语文教育界的热点话题变成了有关语感的探讨。

此期研究者思维逐渐活跃，开始引荐有权威的语文大家夏丏尊、叶圣陶早期的经典主张，并且借鉴其他学科的理论知识，如心理学、语言学、美学、文章学、修辞学、文体学、思维科学以及哲学等，跨领域跨专业吸取别家精华，注入到语感研究中，不管从广度还是深度层面上说，都促进了语文学科对关于语感问题的认识。此时众人主张将“语感训练”引用到教学实践中，以心理学为基础，“语感训练”需要结合学生的心理特征，即身心发展规律，创设良好的学习氛围，以情景法将学生带入语感训练中。这种教学更加注重“读”“感”“悟”，对教学内容的学习具有全方位、多层次的指导作用。

初级中学语文教学目的可以归纳为：利用小学积累的语言文字知识为基石，结合学生自己的生活经历和感情经历，引导学生参与教学互动，进行思维的碰撞和交流，培养对语文的兴趣爱好。教学要求有：能读一些现代文、古诗词以及文言文，能够全面、正确地概括文本的大致内容，抓住重点段落或句子，并将其放在特殊语境中分析，分析散文中的艺术手法。教学内容选取可从以下几方面入手：第一，整体感知课文大概内容，理清作者行文思路；第二，品析语言，体悟课文语言文字所表达的思想感情；第三，教会学生使用工具书，如用字典查找陌生的字词，再将词语放在上下文进行分析，揣摩其含义和作用。

大纲几次强调语言文字的理解，即理解文字在文中的含义，字词离开固有的语境将失去它的存在价值。因此，对语言文字的理解不能脱离文本语境单独解释，这是理解文章思想内容的关键。语文课的教学目的不是教会学生死板的知识，而是让学生将学到的语言文字用于实践，在实践活动中用于抒发自己的情感，表达自己的想法，向他人叙述事物。这是语文学科与其他学科的本质区别，也是语文本身的根本任务所在。当然，语文课程中的语言学习不是专研语言，而是学会熟练地运用语言文字，能够灵活表达，能从文本或是他人的言语中，判断一个字、一个词、一句话在文本中或者他人话语中是否符合审美的要求。之前的教学大纲为此奠定基础，在这一基础之上进行修改判定，在阅读与理解板块做了一些补充。这要求学生整体感知课文，厘清作者写作思路，概括文章大意，品味文本语言，理解其在语言环境中的意思和作用，判断作者的态度、观点，体悟文本所抒发的思想感情。在学习结束时，学生能对文本内容、写作手法、遣词造句、篇章布局等方面有自己的学习心得和感受，能提出自己的见解，或者是对课文的批判。

（2）教材中现代散文的构成

这次教材的编排做了大规模调整，教材编者的意图是让学生联系生活经验和知识积累，有目的、有计划、有方法、系统地让学生进行语文基本训练，培养学生阅读写作的习惯。大纲根据各个学段学生的知识基础和生活经验的不同，教材的选文和编排方式也不相同。

第一时期首个学期的教学重点是要求教师在教学实施的过程中，能够在课文文本内容与学生的生活经验这两者之间搭起桥梁，教师们在课堂中营造一个良好的学习情境，从而让学生能够在一个愉快的学习氛围中获得知识能力、技能、方法等方面的提升。第二阶段包含有三个学期，分别是第二、三、四学期，这个阶段的学习任务加重，也更难一些，需要进行记叙文、议论文写作方面的实践训练，提高学生的书面表达能力。第五、六学期是第三阶段，则把重心放在口语交际板块，使学生能在生活中灵活运用语言文字，同时培养其文学欣赏能力，提高审美品位。选文是按照文体形式组建单元，方便学生学习理解。

以下抽取这个时期的现代散文做个分析。第一册编选现代散文篇目的单元有四个：第一、二、三以及第五单元，这些现代散文篇目是《从百草园到三味书屋》《背影》《金黄的大斗笠》《散步》《春》《小橘灯》《济南的冬天》。

根据教材助读系统的单元提示，第一单元的教学任务是通过整体感知课文，划分文章结构段落，归纳主要内容和中心意思，链接课文与现实生活，感知亲情的温度，培养良好的家庭观念。

第二单元的学习重点是学习作者透过自己的内心想法和思想感情，来反映生活中简单而普通的人与事。同时，在教学策略上还提供了教学建议，学习本单元，结合文本，分析文本语言，品析语言文字在其具体语境中的韵味、含义，整体把握作者的思想感情和中心意思。

第四册共有《福楼拜的星期天》《我的小桃树》《记一辆纺车》《成功的秘诀》四篇现代散文，教材编排方式是依照文体编排，四篇不同类型的散文，风格特点各有不同，篇章结构的线索各篇课文各有侧重，有的是写景，有的是状物，有的重在记人，描写的对象不同，采用的表达方式也有所差异。

第五册散文篇目《谁是最可爱的人》着眼于实际运用，侧重语言训练，提高实践中的言语表达能力。讲读课文和自读课文构成一个单元，讲读课文是精读篇目，需带领学生深入理解课文内容，注意作者对表现手法的运用，体会文章的主要内容和思想感情，教学实施中有意识地侧重学生在阅读方法、写作手法等方面的训练，以期达成预期的教学目标。自读课文虽不强求像讲读课文那样做到细致阅读，但根据自读提示，进行独立阅读，这也是一种学以致用的方式。散文教学内容趋向多样化，随着授课对象的情况不同逐步调整授课方式，在散文内容选择上也会有所差别，需将学情与散文内容糅合在一起。以下从具体散文篇目做具体分析。

《从百草园到三味书屋》的教学重点是通过学习作者在文中准确的表达与形容，透过语言形式，体会课文的感情色彩；《背影》的教学重点放在厘清文章段落、层次，抓住文本线索上，通过重点段落、语句、字词分析“我”与父亲的情感变化，体会文章平铺直叙的语言背后蕴含的深厚情意；《记一辆纺车》的教学重点内容是体会质朴、明朗而优美的语言风格。

（3）现代散文教学的实施

“训练”成为这个时期一大教学重点，尤其是语言训练，教学大纲、单元、单篇课文教学要求、课后习题中均多次提到这个要求，散文教学中揣摩语言成为必不可少的环节。语文教学内容主要是由书面语言和口头语言组成，因而语文学习就是主要学习语言。语文能力的培养即在不同的场景能够通过脑海构思，再用正确的语言文字表述出来。这里的表述分为口头表述和书面表述，书面表述较为规范，口头表述更要注意形式以及意思的正确传递。语文教学如何实现语言的有效训练，大致可以从以下几点入手：让学生梳理课文的写作思路并用自己的语言概述出来；在欣赏文本时，提示学生通过寻找重点词句，结合全文试着分析这些重点词句背后的意味、情感；课后小结尽可能地让学生自己回顾前面课程的内容。这既能锻炼学生的语言能力，也方便教师及时回收反馈，以期师生共促教学效果的提高。此外，还可通过布置课堂小练习，联系文本内容，调动学生的积极性，激发思维运转能力，将自己对这个题目的所思所想通过口头表述的方式或是书写小片段的话语表达出来，与同班同学一起分享借鉴。厘清作者写作思路，揣摩关键词句背后的真实情感，推出文章主题，或是将课后习题融会贯通到课文语言解读中。

比如，《风景谈》一课，编者有意在教材注释系统中编排了一道分析抒情语句对揭示写景的意义的课后练习题。设计这道题的目的在于提示课文的第四、六、八自然段在文本中是极其重要的，是重点分析对象。教师在备课时可以将其设计为教学内容的一个部分，这是编者有意编制的题，将习题与教学内容融合在一起，引导学生立足文本，从写景的语句入手，分析作者是如何融情于景、情景交融的。进而拓展思维，弄清抒情语句对文章思想内涵有什么作用。可以采用“代替”词汇法比较区分，启发学生见微知著，把握精髓，培养学生的语言感知能力以及洞察力。例如，教师在教学《春》这篇课文时，带领学生感受朱自清笔下的春意盎然，提示学生可以抓住一些动词、形容词来感知春天的生机。如作者在描写“春草图”时紧扣两个动词，一个是“偷偷地”，这个词给人悄无声息、但又在慢慢生长的感觉。一般情况下，这个词是用来形容一个人的言行举止，是指在做小动作，偷偷摸摸地进行，显得有些蹑手蹑脚，作者在这里巧妙地用来形容小草，将小草的静态动态化，凸显出小草的生命力旺盛，给学生带来生机勃勃的感觉。另一个动词是“钻”，从“钻”字的字面意思看，必须有动作的实施者和被实施者，在文本中，则是小草自己有意识地想冲破黑暗，离开四周黑漆漆的环境，到洒满阳光的地面吸收新鲜的空气。仅仅两个动词，把富有生命力的小草刻画得如此动人心弦，真想去看望一番。这篇课文里面还有诸多这样的动词，用“闹”“扶”这样的平常字眼来形容一些日常所见的事物，学生是否感到惊讶呢？以前面的“春草图”为例，让学生以文本为基点，试着从各个角度去感知作者心中的“春天”与自己熟悉的春天有何不同。

现代散文是借助语言表达作者所思所想的文体。若是阅历少，知识基础薄弱，不细心观察生活，是很难读出散文该有的味道的。在初中、高中语文教学过程中，特别注意语言的分析，语文教学力求回归语言鉴赏。文学作品具有独特的艺术风格、表现手法以及思想感情的熏陶与浸润等特征。因此，我们除了从工具性角度分析字词句的运用和咀嚼慢品外，应该更加注重激发学生的联想和想象力，拓宽联想空间，培养学生的发散思维，提高他们的审美能力等，这样做是否更加合理、人性化一些？

通常，语文课程具有实践性与综合性的特点，实践性是其本质。语言是由语言符号系统构成，语言符号是语言的基本组成要素，二者相辅相成、紧密联系。由此在品读散文作品时做到不忽略一个细节，包括一个标点符号的使用，有可能这个标点符号正是自己解读出作者情感的一把钥匙，这才是真正的语言。还可以往深处理解，教师以“文”的知识提问，既巩固已有知识又能帮助学生理解新知识，挖掘文字背后的思想感情，最后再让学生披文入情。再者，学生不断地思索，锻炼自己的思维和观察能力，在实践交往活动中，会有意识地注意情绪、情感乃至心理的变化，随之能把文字转换为自己想要表达的言语行为。因此，散文教学内容的安排要充分考虑语言的各种特性。编写教材时，若不注重这些，那么言语的实践和提高语文核心素养便无从谈起，创新也就只是空话。

语文学科是一门综合性与实践性较强的学科，语文教材的编写必须体现这两个特征。人教版教材在编写教材时以文体作为划分单元的依据，助读系统里面包含课后习题，每册书设有口语交际等板块，对语文教学开展语言实践活动有一定的促进作用。语文学科有诸多容易混淆的概念，概念不明确很可能将这堂课上成其他性质的课。语言与言语不是同一个概念，言语不等同语言，二者是有区别的，语言是语言文字的运用，简称“语用”。它是一个静态的概念，它包括言语；言语是指听说读写的活动，是言语活动的结果，强调的是整个过程及其结果，如一句话、一个句子。因此，教学中的语言教学并非语感教学。它仍然受到传统分析的影响，更多地关注语言分析。故在语文教学中，要按照语文教学大纲的要求培养学生的语言能力。在使学生语言能力得到培养的同时，学生的思维能力也能得到大大的提升。现代语文教学与以往不同，不能把陈旧的知识、过时学习方法教授给学生，死记硬背已经被时代摒弃了，试图通过分解文章知识结构，用“零售”的方式灌输思想观念，使学生无法把握内在规律。因此，散文教学一定要注重语言能力和思维能力的培养，口语、写作都是考验是否有思维、知识储备是否丰富的方式。

4. 语文课改时期（2001 年至今）的中学现代散文教学

（1）课程标准的出台

刚进入 21 世纪，教育部分别颁布了《全日制义务教育语文课程标准（实验稿）》和《全日制普通高中语文教学大纲》两大文件，新课标从全新的理念推广而来。新课标开宗明义、旗帜鲜明地提出语文学科的性质：“语文是最重要的交际工具，是人类文化的重要组成部分。工具性与人文性的统一，是语文课程的基本特点。”[①]可以肯定的是，它是稳步推进语文课程改革的纲领，是除《基础教育课程改革纲要试行》之外，特别需要关注的制度性文件。工具性和人文性已经在语文教学中风行多年，它们各自的发展也经历了长期的探索和完善，但在过去，不是强调人文性就是强调工具性，二者的摇摆不定，给语文教学带来了很多不确定性。

语文课程新标准规定语文课程应达到的具体目标，无论是初中语文课程还是高中语文课程，都是语文课程新标准的具体化。课程承担着教书育人的重要责任，将这个重大任务落实到语文教学中，需要语文教师根据课文的具体内容设计与之对应的教学目标，一般是从三个维度来确定的：第一个维度是积累语文知识，提升学习能力；第二个维度是教会学生语文学习的方法，并能在其他篇目的阅读中灵活运用；第三个维度是丰富学生的内在精神，提高文化审美，树立正确的价值观念和人生目标等。值得注意的是，并非所有的课文都按三个方面设置教学目标，具体要看“这一篇”要重点教给学生什么东西，是知识技能还是学习的方法手段等，原因是课堂时间有限，学生的学习能力也有限，只要能根据课文的特征选择好适宜的教学目标，加强相关语文课程在教学中的具体实施，学生怎么学教师就怎么教，以学定教，以教促学。课堂需密切联系学生的生活经验、感情体验以及时代的发展，充分体现语文学科的特点，注重学习模式，改革教学模式和评价模式，并注重加强课程的综合性和选择性。

在初中学段和高中学段，现代散文教学目标的具体落实不是将课程内容和作者思想品质揭示出来的过程，而是学生立足文本，结合自身认知能力、知识储备、生活及感情经验，与作者和文本产生共鸣、对话，与教师发生思想碰撞，是一种对话与生成的过程。散文教学的首要任务是教学内容的确定问题，综合学生的认知水平和生活情感经验，对教学内容进行修改、重组、整合。

（2）教材中现代散文的构成

教材的编写者都有自己的价值观念，都有自己的基本意识形态立场。在教材编写的过程中，必须遵循语文教育规律，要学习和继承以往语文教材编写的好的经验，选择、吸收和转化有关语文教育规律的研究成果，努力体现语文教材的科学性。在新教材编写的过程中，采纳旧教材中的精华，去除其糟粕，同时学习其他版本教材的优异之处，显出新教材的“新”的特点。不停留在“说教”上，在加强语言教育的同时，将感情教育、审美情趣培养有机地结合为一体，使学生乐学爱学，于不知不觉中接受教育，起到润物细无声的教学效果。教学要做到“整体规划，有机渗透”。

新课标强调语文教材需以“守正”为基点，将文质兼美的现代散文纳入教材中，同时

---

① 中华人民共和国教育部制定：《义务教育语文课程标准（实验稿）》，人民教育出版社 2001 年版，第 1 页。

从时代价值、育人意义、立场观点、思想情感等方面考虑这篇文章是否具有经典性，能否走进教学课堂。教材的修改有增必有减，经典篇目回归课本，有些“时文”就必须摒弃，以保证语文教材的高质量、高水平。“统编版”初中语文教材的单元结构体例灵活，一个单元共由两条线构成，一条是内容主题组成的人文线，另一条是由语文的四个核心素养构成的知识能力线。单元学习的内容丰富多彩，进行群文阅读，这也是“统编版”语文教材的特色所在。将语文课程目标落实到具体的单元、课文，做到教学重点突出、清晰明了，课堂任务不在多而在精，争取让学生做到“一课一得”，循序渐进地提高学生的核心素养，将“显性”与“隐性”知识教给学生，切忌过度练习，带来刻板效应。以下是初中“统编版”同人教版教材单元主题的比较，如表 1–6 所示：

表 1–6　七年级上册单元主题变化

单元	统编版	人教版
第一单元	自然	亲情
第二单元	亲情	学习
第三单元	学习	自然
第四单元	人生	人生
第五单元	动物	科学
第六单元	想象	想象

从表中可以明显看出，前三个单元的主题调换了学习顺序，统编版将自然主题放到首单元，这或许与学生认知发展的能力和经验有关，通过让学生品味精彩字词语句，体会汉语之美，在字里行间感受大自然的四季美景，激起学生对大自然的憧憬和喜爱。统编版把原本放在第一单元的亲情拿到第二单元，学习调到第三单元，现在的学生情感启蒙早，比较早熟，对亲情既有期待又有些抗拒，主要还是因为这个时期的学生比较叛逆，把亲情安排在第二单元，其意图是让学生懂得这份珍贵的亲情，不管何时何地，家人对自己的爱是最无私、最纯正的。关于人生和想象的两个主题没有发生位置上的改变，仍然照旧。改变较大的是第五单元，将科学换为学生较为熟悉的动物主题，贴近学生的生活实际，易于理解。此外，文章篇目发生高达 60% 的变化，原有篇目被替代，如《紫藤萝瀑布》被刘湛秋的《雨的四季》取代；过去删除的篇目回归，如毛泽东的《纪念白求恩》；整体篇目减少，由原来的 30 篇减少至 24 篇，学生的语文学习压力有所减轻，教师的备课内容亦有所减少。

同人教版义务教育初中语文教材相比较，单元的主题编排发生了大幅度的变化，第一单元至第三单元的主题变换了位置，第五单元直接更换主题，将原来的“科学”换为“动物”主题，唯有“人生”“想象”两个单元没有变动，这是从大单元层面分析的。从教材目录上摒弃陈旧过时的文章，增加一些新的作品。现代散文选文内容丰富，纵跨历史，横跨各个领域，大多是出自著名作家之手，体裁类别多样，主题新颖动人、风格各式各样，最主要的是符合学生的认知能力的发展，适合中学生阅读。比如，统编版初中义务教育语文教材初中学段选入朱自清的《春》、史铁生的《秋天的怀念》、莫怀戚的《散步》等。教材选取能够体现我们民族精神和优秀传统文化的、难度适中的选文，来满足学生日益增长的阅读需求。此外还借鉴西方的优秀文化，重视吸收全人类的文明成果，比如，《走一步，再走一步》一文，启迪中学生在今后的人生道路上，直面人生的各种艰难险阻，不要畏惧、恐慌，大困难可以化为小困难，始终坚持自己的选择，走一步，再走一步，终将走出困境。这种坚韧不屈，勇于面对困难的精神是不分国界和民族的，是我们全人类都需要有的精神品质。

从单元重点来看散文教学，人教版初中语文七年级上册散文所在单元，如表 1–7 所示：

表 1–7　新课标七年级语文教科书现代散文单元教学重点

单元	主题	情感目标	知识目标
第一单元	写景散文	陶冶人们爱美的心灵，锻炼人们发现美的眼力	品味语言，反复朗读，在整体感知内容大意的基础上，揣摩、欣赏精彩句段和词语，展开联想和想象
第二单元	写人记事散文	体会真挚而美好的亲情	以情为重，挖掘深意，品味语言既重分析也要进行感染教育
第三单元	反映学习生活课文	感受永恒的童真、童趣、友谊和爱	重点学习默读，把握基本内容，了解文章大意，抓住关键词句，感悟做人的道理
第四单元	人生教育	激发正能量，提升人生品质	整体把握课文内容，理解人生经验、精神品质
第五单元	动物	尊重动物、善待生命	继续学习默读，侧重摘录，把握大意，抓住中心句，理解作者情感
第六单元	想象作品	展开想象，体验更广大的世界	训练快速阅读，激发联想想象

可以看出，单元教学目标紧扣语文工具性与人文性的统一，语文教学目标的设计从“语言构建与运用、思维发展与提升、审美鉴赏与创造、文化传承与理解”[①] 四个方面出发，选择一至两个方面进行教学，该学段着重强调学生朗读、默读、快速阅读课文，使学生读书做到“三到”，即眼到、嘴到、脑到。在阅读过程中，强调联系学生已有的生活体验，从而提升学生的主体地位。

当前在新的课程标准指导下，更加注重核心素养的培养，注重思想感情的浸润。在实践教学中一线教师将学生的情感体悟视为一个重要的教学环节，并且被提到一个新的台阶上来重视，期待学生在教学中表达自己的内心感受，与他人分享心得，形成心灵的对话。

① 中华人民共和国教育部制定：《普通高中语文课程标准（2017 年版 2020 年修订）》，人民教育出版社 2020 年版，第 4-5 页。

散文教学趋向情感品质的培养，即能充分认知情感，控调情绪，感知他人的情感等。散文的课堂教学要培养学生的素质和情感，作为语文教师应提高自身专业水平，加强自身修养，努力创设良好的学习氛围，在文本与学生之间搭建对话的桥梁。现代散文具有春风化雨的“教化”功能，作者将自己的感触和思绪糅合在文本中，学生在教师的带领下结合作者的写作背景，品味重点字词句，读出自己的韵味。

（3）现代散文教学的实施

传统的现代散文教学，比较强调知识与技能。基础教育改革的推行，强调新课程要注重转变，语文教学由“知识本位”转向“以人为本”，其目标在于有机结合学生的知识、能力与态度。为了将这一目标落实和体现到具体的语文教学中，语文课堂就不能只是封闭与预设的，而是要注重开放和生成。强调在语文课堂中尊重学生的主体地位，要鼓励和引导学生对选文有自我理解、自我解读，尊重学生在阅读理解中的个人见解、独特感受，使学习语文的过程成为学生健全人格的形成过程，尤其是在现代散文的阅读教学中。在新课程改革的进程中，语文教师要加强理解一些新理念。下面依次析之。

比如，“整体阅读教学”的理念。语文新课标要求强调选篇教学要从整体出发，不要急于划分层次段落，先让学生整体感知课文、理清文章脉络、把握文章大意，理解选文所表达的思想、观点与感情，并与同学互相讨论、交流，以便对选文先有一个比较全面的感知。在初读课文时，引导学生积极发言交流讨论，让学生尽可能用准确的语言表达自己初读的感受，使学生对文章有较为清晰的把握。当然，也要注意防止脱离文本的分析，教师要对症下药，适时加以引导。例如，教学朱自清的散文《背影》，学生初读后在头脑中是能勾勒出几幅让人流泪的父亲背影的画面的，在学生有大致的整体认知下，再对每幅画面进行深入的探讨，特别结合文字理解作者的细腻感情，在具体的语境中把握朴实文字下的真挚情感，领悟文章的韵味，进而清晰深刻地把握住整篇课文。

例如，“多元解读”的理念。传统的语文阅读教学，主要在于对文本原意的理解，追求文章理解的清晰与单一。这样的语文阅读教学理念，追求的是作者在文中意义的表达，文本的理解，实是一个简单的复制过程。所以，长期以来的阅读教学，主要的教学目标就是注重梳理作者思路，领会作者本意，认为最终目标是将教师的思路、学生的思路及作者的思路统一，找寻作者的原意，语文阅读教学是单向的、静态的、封闭的。学生在语文阅读教学中不必主动参与，只要“倾听”就够了。教师在语文阅读教学中强调学生要接受文本中作者本意的表达，教师要做的就是训练学生能从课文中摘取字词、寻章摘节，问题的答案是标准的、统一的，学生只要记下来就可以了。但是他们却忽略了语文文本本身的开放性，特别是像现代散文这类的文体，如果没有学生的主动参与、能动体悟、多样理解，只是记下统一的标准答案，这样的文本解读就是机械的、静止的，是没有生命力的。语文教学要让学生有审美体验、生命感悟，否则就会成为一句空话。长此以往，学生就不会对本应充满生命情趣的语文教学产生兴趣，不会有对美文的阅读期待，而老师在对文本进行解读的过程中也就丝毫不考虑学生阅读中的期待。所以，要让中学生在文本中领略到现代散文的独特魅力，通过现代散文的学习使自己得到成长，散文教学时除还原文本原意外，还要唤起学生的阅读期待，使学生在文本的阅读中有自己的感悟，在师生、生生等多重对话中达到语文阅读教学的教学目的。

梳理此期现代散文教学状况，发现较之以前的教学方式有了很大变化。比如，教学理念紧贴新课标，突显了学生的主体地位，教师只是引导者和启发者，更注重师生平等对话。对于教学内容的选择，有了更加开放的心态，对文本进行多元解读，拓宽了学生的视野，培养了他们的创新思维能力。在对文本意蕴进行探究时，关注历史也关注当下，强调学生的体验，使他们在散文学习中得到审美、愉情和启智。

当然，在看到这些惊喜变化的同时，我们也要关注到在基础教育课程改革中，也有一些不可忽略的问题。在语文教学中，新课程强调语感的训练，语文的积累，注重学生在文本中的体验、感悟与品位等，这是对的，但语文教学的“不宜刻意追求语文知识的系统和完整”，使部分教师对语文教学的尺度把握不住，从而使语文教学变得神秘，语文学习难度增加。另外，在对待语文知识的讲授方面，有些教师在“要不要教语文知识”的问题上有些迷惑，把知识的弱化理解成了不需要教知识，照搬照抄当然不行，如果没有语文知识的讲解作基础，学生言语实践能力的提升就会是水中月、镜中花。

特别是在语文新课程的一些理念的理解方面，部分一线教师还存在认识上的迷惑，如“语文核心素养”“阅读对话”等概念的内涵和外延仍然模糊。对于一线教学而言，自然会带来理解上的困难，作为教学的实施者，如果对语文教育教学的重要理念认识不清，在语文教学的实践中就会变形跑偏，使语文教学难以达到教育的目的，现代散文的教学同样如此。

第二章　现行中学语文教材中现代散文选篇概述

现代散文是内心情感的真实写照。随着思想的跳跃，情感是五味杂陈的，作者将这些情绪变化和波动在散文中展现得淋漓尽致，是真情实感的流露。现代散文与小说戏剧不同，平铺直叙是它的特色，需要品味语言，探寻其背后抒发的情感。

随着新课程的修订与完善，中学义务阶段普通高中阶段的语文教材都发生了大幅度的变化，最为突出的是大批的现代散文进入语文教材，各个学段均有分布，以下从初中、高中两个学段来看看现代散文在教材中的分布情况，对比初高中散文选文变化，整体掌握语文教材，为现代散文教学内容重构研究提供启发。

一、七至九年级语文教材散文选篇分析

（一）初中语文教材中现代散文的分布概况

1. 人教版初中语文教材（2001 年修订通过）中的散文分布情况

初中语文教材涉及许多现代散文，尤其在初一学段，上下两册共计 17 篇现代散文作品，到初二、初三学段后，现代散文的比例有所下降，甚至到九年级上册直接没有编排现代散文，整个初中学段的现代散文课文一共有 26 篇。

表 2–1　人教版初中语文教材（2001 年修订通过）现代散文选篇一览

年级	散文篇目	作者
七年级（上）	《散步》	莫怀戚
	《金黄的大斗笠》	高风
	《背影》	朱自清
	《金盒子》	琦君
	《从百草园到三味书屋》	鲁迅
	《春》	朱自清

续表

年级	散文篇目	作者
七年级（上）	《济南的春天》	老舍
	《海滨仲夏夜》	峻青
	《夏天也是好天气》	素素
	《秋魂》	刘增山
七年级（下）	《敬畏生命》	张晓风
	《热爱生命》	蒙田
	《紫藤萝瀑布》	宗璞
	《安塞腰鼓》	刘成章
	《挖荠菜》	张洁
	《提醒幸福》	毕淑敏
	《白蝴蝶之恋》	刘白羽
八年级（上）	《阿长与山海经》	鲁迅
	《荔枝蜜》	杨朔
	《鹤群翔空》	江口涣
	《心中的鹰》	康敏
八年级（下）	《哨子》	富兰克林
九年级（上）	无	无
九年级（下）	《藤野先生》	鲁迅
	《白杨礼赞》	茅盾
	《菜园小记》	吴伯箫
	《夏之绝句》	简祯

2. 统编版初中语文教材中的散文分布情况

统编版初中语文教材中包括的散文篇目总共有 27 篇，见表 2–2：

表 2–2　统编版初中语文教材现代散文选篇一览

年级	散文类型	散文篇目	作者
七年级（上）	抒情性散文	《春》	朱自清
		《济南的冬天》	老舍
		《雨的季节》	刘湛秋
	叙事性散文	《秋天的怀念》	史铁生
		《散步》	莫怀戚
		《从百草园到三味书屋》	鲁迅
		《再塑生命的人》	海伦·凯勒
		《走一步，再走一步》	莫顿·亨特
七年级（下）	抒情性散文	《紫藤萝瀑布》	宗璞
		《一棵小桃树》	贾平凹
		《土地的誓言》	端木蕻良
	叙事性散文	《阿长与〈山海经〉》	鲁迅
		《老王》	杨绛
八年级（上）	叙事性散文	《藤野先生》	鲁迅
		《背影》	朱自清
		《回忆我的母亲》	朱德
		《昆明的雨》	汪曾祺
	抒情性散文	《白杨礼赞》	茅盾
	议论性散文	《永久的生命》	严文井
		《为什么而活着》	罗素
八年级（下）	叙事性散文	《安塞腰鼓》	刘成章
		《灯笼》	吴伯箫
	抒情性散文	《大雁归来》	利奥波德
		《壶口瀑布》	梁衡
		《一滴水经过丽江》	阿来

续表

年级	散文类型	散文篇目	作者
九年级（上）	叙事性散文	《精神的三间小屋》	毕淑敏
	议论性散文（杂文）	《中国人失去自信心了吗》	鲁迅
九年级（下）	无		

依据语文课程课标的培养方案，教材的编写必须符合学生的学情，部编版初中教材在七、八年级的编写上，抒情性散文甚多。除了九年级下册没有外，其他都有，抒情性散文重在调动学生的生活经验和情感经历，丰富想象，体会作者在文本中表达的情感，培养学生的语感。八年级在七年级的基础上增加了议论性散文，开启学生智慧，启迪学生思考。统编版教材在吸收人教版教材的基础上，摒弃一些过时、不符合学生的学习需要的内容，与时俱进，推陈出新，如杨朔模式化作品《荔枝蜜》，与此同时，也新增了篇目，比如，贾平凹的《一棵小桃树》、罗素的《为什么而活着》、严文井的《永久的生命》等。

（二）初中语文教材中现代散文的选文特点

在整个初中阶段，七年级的现代散文篇目是相对较多的，上下两册都有抒情性散文、叙述性散文，并且在单元中是按先后顺序排列的，抒情性散文在前，其后是叙事性散文；八年级的散文数量较之七年级来讲，少了一篇现代散文，被选入的篇目也是按抒情性散文在上册，下册是按叙事性散文、议论性散文的顺序排列，这样的排列符合学生的认知规律，散文内容贴近学生的文化品位。到九年级后现代散文逐渐减少，上册还编排两篇，下册不再安排。

初中学段的教材大体上是依据主题内容进行单元分类的。这种划分方式与学生的认知能力、身心发展规律、生活经验关系密切。刚上初中，学生才由小学以识字为主要内容向学习文学作品的艺术风格、思想感情、人物形象等方面知识转变，例如，七年级上册第一单元既有现代写景抒情散文，也有古代诗歌。其中现代散文占主体，贴近学生的生活实践，学起来比较容易。小升初语文教学内容的转变，意味着这个时期的教学重点是语感的培养和形成，教学内容上呈现深化的特点。以现代散文为主体的多种文体混合组织编排，能够激发学生的阅读兴趣，使其养成良好的语文学习习惯，形成良好的语感，热爱阅读文学作品，热爱语文教育。

七年级为八年级的学习奠定基础，通过一年的学习对各个文体有个大体的了解，从八年级开始选入一些难度较大、理解起来较难的篇章。

整个初中阶段，初二是学生发展尤为重要的阶段，从语文学习层面上说也是极其重要的。经过长达一年的语言鉴赏分析，学生的语感得到初步的发展并逐步稳定，思维逻辑也慢慢开始形成，对于中学生来说是一个十分重要的过渡期。

九年级是即将结束初中学习生活的一年，即将面临人生中的唯一一次中考，这时候的学生基本语文素养已形成并且较为稳定。学生思想开始成熟，性格也基本定型，情感丰富细腻，思维迅速发展并逐步稳定，解读散文作品能从感性逻辑向理性逻辑过渡，较为系统。这个时期语文教材中的散文比重大大降低，现代散文主要是叙事性散文和议论性散文，虽然篇目少，但哲理性强，对于学生来说也是一种挑战。

二、高中语文教材现代散文选篇分析

高中学段的语文学习与初中学段的语文学习相比较，高中生的学习是更高层次的学习，语文教材的编写就是一个很好的证明。纵观高中语文教材书的所有目录，教材的选文体裁多种多样，除去平常比较熟悉的诗歌、散文、戏剧等文体，另外增加了杂文、随笔、报告文学、演讲词、科普小论文、自然小论文等广泛意义上的现代散文，整套教材的现代散文比例高达60%，因此现代散文的学习是比较复杂而有意义的。由王松泉等人主编的《语文教材研究》中主张："散文是重在抒写作者的主观感受和情思，结构自由灵活、题材广泛多样的一种文体。优秀的散文不但能给人以美的享受，而且可以开阔人们的视野，启迪人们的智慧。现行语文教材中散文所占篇幅最多，是语文教学的重要内容"①。现代散文教学意义非常重大，脱离散文阅读，学生的审美趣味会逐步走向低俗丧失美感，甚至情感缺失，更难以塑造完善的人格。

目前统编版高中教材还未在全国实施采用，只在六个地区试行，高中阶段仍以人教版高中语文教材作为教学的凭借。现代散文只是笼统的概念，下位概念多种多样，如抒情散文、记叙散文、议论散文等。单元按照各个细致文体的特征来组编教材，单元提示都是有针对性地设计教学重点以及教学方法的，在选修阶段甚至还设置了《中国现代诗歌散文欣赏》。换句话说，现代散文直接贯穿整个高中语文学习阶段，有着举足轻重的作用。

（一）高中语文教材现代散文的选篇概貌

1. 人教版高中语文旧教材中的散文分布情况

高中分为三个学段，根据课标对各个学段培养方案的不同要求，人教社有针对性地编写了共六册的语文教材，选入教材的文体有很多，其中，现代散文在所有文体中占教材的比例是最高的，几乎贯穿高一、高二的语文课程教学。在高一学段，语文教材第一册共选入7篇现代散文；高二学段对应的是教材的第三册，有9篇课文是现代散文文体，整个高中阶段共计16篇。鲁迅的散文、杂文均在第一、三册教材中出现，人教版高中语文第一

① 王相文、韩雪屏、王松泉：《语文教材研究》，高等教育出版社1999年版，第132页。

册第四单元将鲁迅的《呐喊》自序编入教材，第三册后选入他的两篇散文，分别是《记念刘和珍君》和《灯下漫笔（节选）》。

表 2-3　人教版高中语文旧版教材中的散文分布情况

年级	散文篇目	作者
高一（第一册）	《荷塘月色》	朱自清
	《我的空中楼阁》	李乐薇
	《我与地坛》	史铁生
	《花未眠》	川端康成
	《呐喊》自序	鲁迅
	《胡同文化》	汪曾祺
	《名人传》序	罗曼·罗兰
高二（第三册）	《记念刘和珍君》	鲁迅
	《故都的秋》	郁达夫
	《道士塔》	余秋雨
	《泪珠与珍珠》	琦君
	《灯下漫笔（节选）》	鲁迅
	《漫话清高》	金开诚
	《巴尔扎克葬词》	雨果
	《美腿与丑腿》	富兰克林
	《我为何而生》	罗素
高三	无	无

2. 人教版高中语文新教材中的散文分布情况

高中语文课程标准将课程结构按模块进行设计，要求学生经过语文课程的学习，在“语言积累与建构”“语言表达与交流”“语言梳理与整合”等方面得到相应的训练，增强形象思维能力，发展逻辑思维，提升思维品质，增进对祖国语言文字的美感体验。通过鉴赏文学作品，培养学生高尚的审美情趣和审美品位，进行美的表达与创作，传承和发扬中华文化，理解多样文化，关注参与当代文化。[①] 根据高中语文课标（实验版）规定，高中语

① 中华人民共和国教育部制定：《普通高中语文课程标准（2017 年版 2020 年修订）》，人民教育出版社 2020 年版，第 5-7 页。

文课程分为必修和选修两个阶段的课程，因此，教材编者编写了相应的必修和选修两个模块的教材，必修教材是高中学段的重点学习对象，而选修教材起到辅佐的作用，在教学中要正确处理二者的关系，认清主次，充分发挥两个阶段教材的功能。

下面以人民教育出版社出版的高中语文必修教材为研究对象，从单元划分结构以及划分依据入手，梳理整个高中必修部分相关的现代散文分布情况，见表 2–4：

表 2–4　高中必修部分相关的现代散文分布情况一览

课本 单元	必修一	必修二	必修三	必修四	必修五
第一单元	现代新诗	写景状物散文	中外小说	古代戏曲、中外话剧	小说
第二单元	古代记叙散文	先秦—南北朝诗歌	唐代诗歌	宋词	古代抒情散文
第三单元	写人记事散文	古代山水游记散文	古代议论性散文	随笔、杂文	文艺评论、随笔
第四单元	新闻、报告文学	演讲词	科普小论文	古代人物传记	自然科学小论文

从表中可以看出，整个高中必修教材是分为必修一至必修五五个板块的，每一册又分为四个单元，每个单元的划分是依据文体划分的。高中阶段的必修单元共有 20 个，其中，现代散文单元共占了八个单元，主要有写人记事散文单元、写景状物散文单元、随笔杂文单元，新闻、报告文学单元，演讲词单元、科普小论文单元、文艺评论、随笔单元以及自然科学小论文单元等。这里涉及的演讲词、随笔、杂文、科普小论文、自然科学小论文、报告文学、文艺评论，均属于广义的现代散文。值得注意的是，“杂文”是现代散文的一种特殊方式，目前它已经从散文这个文体中分离出来，独立成家。这个文体的特殊之处在于文本中有记叙，但与记叙文又有区别。杂文的记叙是记录生活中的片段，且每个片段之间各不相关，例如，鲁迅先生的佳作《记念刘和珍君》，就是典型的杂文。因此，在分析这篇杂文时，首先要明确这是一篇现代散文，它是选自鲁迅的《随想录》中的一篇杂文，需结合作者本身的这个集子的最终写作意图来分析。

高中学段的整套教材共有五册（从必修一到必修五），从必修一到必修五均有现代散文的分布，占整个高中阶段教材选文文体的半壁江山。其中，第一册、第二册以及第五册编入的现代散文占比是较大的，这三册的现代散文横跨两个单元分布。必修一包含第三单元和第四单元，必修二有第一单元、第四单元，必修五包括第三、四单元，剩下的第三、四册各占一个单元。每册选入的现代散文数量不太一样，第一、二、五册都选入了四篇现代散文，剩下的两册均有一篇。整套教材一共选入 14 篇现代散文，一开始以理论意识为学习语文的起点，在课文学习中总结语文学习规律和方法，在开展语言实践活动时，将这些规律和方法灵活地运用到实践中。学生经过三年时间的洗礼和熏陶，思想层面和精神层面也会得到一定的升华。人教版高中语文课新教科书（必修一到必修五）中现代散文篇目分布情况，见表 2-5：

表 2-5　人教版高中语文课新教科书现代散文篇目分布情况

<table>
<tr><th>册数</th><th>单元分布</th><th>文体</th><th>篇目</th><th>作者</th></tr>
<tr><td rowspan="4">第一册
（必修一）</td><td rowspan="3">第三单元</td><td rowspan="3">记人记事散文</td><td>《记念刘和珍君》</td><td>鲁迅</td></tr>
<tr><td>《小狗包弟》</td><td>巴金</td></tr>
<tr><td>《记梁任公先生的一次演讲》</td><td>梁实秋</td></tr>
<tr><td>第四单元</td><td>报告文学</td><td>《包身工》</td><td>夏衍</td></tr>
<tr><td rowspan="4">第二册
（必修二）</td><td rowspan="3">第一单元</td><td rowspan="3">写景状物散文</td><td>《荷塘月色》</td><td>朱自清</td></tr>
<tr><td>《故都的秋》</td><td>郁达夫</td></tr>
<tr><td>《囚绿记》</td><td>陆蠡</td></tr>
<tr><td>第四单元</td><td>演讲词</td><td>《就任北京大学校长之演说》</td><td>蔡元培</td></tr>
<tr><td>第三册
（必修三）</td><td>第四单元</td><td>科普文章</td><td>《动物游戏之谜》</td><td>周立明</td></tr>
<tr><td>第四册
（必修四）</td><td>第三单元</td><td>随笔杂文</td><td>《拿来主义》</td><td>鲁迅</td></tr>
<tr><td rowspan="4">第五册
（必修五）</td><td rowspan="3">第三单元</td><td rowspan="3">文艺评论和随笔</td><td>《咬文嚼字》</td><td>朱光潜</td></tr>
<tr><td>《说“木叶”》</td><td>林庚</td></tr>
<tr><td>《谈中国诗》</td><td>钱钟书</td></tr>
<tr><td>第四单元</td><td>自然科学小论文</td><td>《中国建筑的特征》</td><td>梁思成</td></tr>
</table>

高中语文新课程标准提出：“审美鉴赏与创造是指学生在语文学习中，通过审美体验、评价等活动形成正确的审美意识、健康向上的审美情趣与鉴赏品位，并在此过程中逐步掌握表现美、创造美的方法”①。相应的新教材做出了一系列的变化，散文篇目的选择会更加谨慎、严苛，其篇目更加侧重文章的质量而非数量，通过对比以上两个散文汇总表可知，散文篇目有所减少，更加注重现代经典散文作品的入选。

我们研究了必修部分的现代散文，不妨也看看选修部分的现当代散文的分布概况，人教版高中语文选修教材是必修教材的补充和延伸。高中语文选修教材总共有五个单元，每

① 中华人民共和国教育部制定：《普通高中语文课程标准（2017 年版 2020 年修订）》，人民教育出版社 2020 年版，第 5 页。

个单元都有一个独立的主题，在这个主题之下都编排三篇现代散文，第一篇散文需要精读，其后的两篇属于略读篇目，整个选修教材一共选入 15 篇现代散文。选修现代散文作为必修现代散文的补充和延展，编者的意图是在必修的散文教学中，学生能学习相关阅读散文的知识，例如，散文文体的下位类型、语言特色、写作手法等知识，掌握体悟作者情感的方法以及自己如何创作一篇散文等，再利用选修来巩固必修所学的知识。经过一个“学”与“习”的循环过程，提高学生对散文学习的兴趣，并将从散文中体悟到的哲思融入自己人生的各个阶段，这才是语文教育“育”的终极含义。

表 2–6　人教版高中语文选修教材中现代散文篇目分布汇总

单元	专题	地位	篇目	作者
第一单元	那一串记忆的珍珠	精读	《动人的北平》	林语堂
		略读	《汉家寨》	张承志
			《特利赫尔的幽灵》	梁衡
第二单元	心灵的独白	精读	《新纪元》	李大钊
		略读	《捉不住的鼬鼠——时间片论》	周涛
			《美》	曹明华
第三单元	一粒沙见世界	精读	《都江堰》	余秋雨
		略读	《Kissing the Fire（吻火）》	梁遇春
			《合欢树》	史铁生
第四单元	如真似幻的梦境	精读	《森林中的绅士》	茅盾
		略读	《云霓》	丰子恺
			《埃菲尔铁塔沉思》	张抗抗
第五单元	自然的年轮	精读	《葡萄月令》	汪曾祺
		略读	《光》	杨必
			《树（节选）》	林耀德

（二）高中语文教材现代散文的选文特点

现代散文创作是作者在特定时期特殊情感的呈现，它源于生活实践，是作者受到周围的环境（这里的环境主要包括社会环境和自然环境两个方面）影响，产生心境变化，对周围事物的观察显得更加灵敏，赋予很多事物“鲜活”的气息。学生透过作者的语言，插上想象或是联想的翅膀，用生命去感知作者细腻的情感。学生阅读各类散文篇章，品百味人生，悟真情实感。语文教育、教书育人重在一个“育”字，语文教材作为课程教学的凭借、桥梁，要想达成“育”这个目标，必须充分发挥教材课文的作用，使之达到最大化。由此可知，语文教材对于现代散文篇目的选择是极其慎重的，这些散文篇章都是经过层层把关、科学合理的分析才能进入教材。与一般的阅读文本有所不同，它是学生学习语言文字，运用言语形式以及精神熏陶的佳本。教材选文都是经过时间沉淀和考验的佳品，其思想内容、文化内涵、审美价值和语言表达都是文坛上的精华，需要高中生认真学习、体会。

新教材所选的散文，具有真实活脱的情感，对灵魂是种考验，能够开拓勇气和人性之美。① 如鲁迅的《记念刘和珍君》《拿来主义》，夏衍的《包身工》等。有人认为，“这些散文描写的都是现实生活中真实的人物。作者描摹他们的音容笑貌，叙述他们的行为事迹，字里行间融入了真挚的情感和深刻的感悟。这些文章可以帮助我们增长见闻，明辨是非，领悟时代精神和人生意义”②。

上面梳理、分析了人教版语文新旧教材中现代散文的分布概况，下面对这些散文的选文特点做详细的分析。

1. 必修教材现代散文的选文特点

纵观高中必修教材，不难发现所选入的现代散文都有自己的价值使命，只不过它们的使命是通过“以文代言”“文言统一”的形式来传达的。初中学段学习的现代散文都是散落在各种文体混合的单元，教材编者的意图在于让学生初步接触这类文体，认识现代散文到底是写什么的，如此朴实、平淡的语言背后隐藏着什么情感，培养学生的感性思维能力，上完初中这种思维基本成熟。而到了高中阶段又上了一个台阶，语文课程标准对学生现代散文的阅读要求有所提升，开始注重学生从感性思维向理性思维过渡，因此高中教科书的编者以文体作为划分单元的根据，以集中的现代散文进行单元学习，在理解上形成一种紧密的逻辑关系，便于学生把握文体、分析文本。同时，在一个单元的集中攻克下，学生对阅读现代散文这个文体的认识上是有深度的，不是初中的蜻蜓点水，它是有一定的系统性的。学生在长达三年的感染熏陶之下，将这个理性解读又带回感性解读中，把二者有机地结合在一起，这样他们既学到知识、积累阅读经验，又得到思维的训练、精神上的富裕。

以下从高中必修教材具体分析现代散文的选文特点：

必修一是第一册教材，这一册的现代散文主要分布在第三单元和第四单元，第三单元是记人记事性散文，即记叙散文，共由三篇课文组成，分别是鲁迅的《记念刘和珍君》、巴金的《小狗包弟》、梁实秋的《记梁任公先生的一次演讲》。第四单元是报告文学，学习的是夏衍的《包身工》这篇课文。这两个单元或是侧重记写一定的事物、场景，或是重点记人。鲁迅的《记念刘和珍君》一文，并非如课文题目一样记录的是一个名叫刘和珍的

① 张华：《语文教材中范文编选策略初探》，《四川师范大学学报（社会科学版）》2003 年第 3 期。

② 普通高中课程标准实验教科书《语文》必修 1，人民教育出版社 2006 年版，第 26 页。

人，文本截取几个片段，这些片段没有紧密的联系，甚至有些散乱，看似没能理出一条清晰的线索，但文本重心在于突出作者对“三一八”事件的看法。《小狗包弟》则和鲁迅的文章相反，记叙关于小狗包弟的一系列事件，在叙述过程中融入情感，寄寓巴金对小狗包弟的忏悔之情。《记梁任公先生的一次演讲》通过撷取学生的片段剪辑，表现梁任公学问与文采并存，才情与气质兼备，以突出学生对梁启超的尊崇之情。

第二册的现代散文与第一册一样编入两个单元，分别是第一单元和第四单元。第一单元主要是写景状物的散文，由朱自清的《荷塘月色》、郁达夫的《故都的秋》、陆蠡的《囚绿记》组合而成，这三组课文都是通过写景来抒发情感。《荷塘月色》重在营造氛围，融情于景，写作手法堪称经典，重在“通感”这一手法的应用，表现作者对自然的热爱及对自由的渴望。郁达夫的《故都的秋》全篇文本都在突出故都秋意的“清”“静”“悲凉”，似乎这些秋意正中下怀，与自己此时此刻的心境相吻合，遣词造句上也十分细致，哪怕一个转折词、标点符号的使用，位置的安放，都是精心布局的。

新课标对“教科书编写建议”提出的要求是：“教科书选文要具有典范性和时代性，文质兼美，体现正确的政治导向和价值取向……教材组织方式应充分考虑高中学生的言语经验，有利于开拓学生的学习视野，激活思维，发展核心素养”[①]。能被选进语文教材的现代散文都是经典之作，它们都是一个时代的产物，是这个时代的象征。其内容丰富，既可大到秀丽的山川风景，历史事件、人物，也可小到地上一株花草、一滴露珠、一粒尘埃。文质兼美，细品其中的语言，学生会感到宇宙之无穷大，世间竟有如此美妙而又朴实无华的表述，原来一切事物的美好不是它最光彩夺目的时刻，而是它静待花开的低调。朱自清的散文《荷塘月色》就是一个很典型的散文写作范例，光文本中涉及的写作手法就有很多，通感、拟人、比喻等，其中，通感较为典型，可作为高中生作文写作的重点指导方向。

高中现代散文的选文也重点选择一些能较好突出作品的文学性特征的表现形式，包括审美、情感体悟等散文特有的文学性性质。为了提高学生的语文核心素养，教科书编者结合选入教材的现代散文的特点，利用教材注释系统，有意提示散文教学的侧重点在哪儿，编者给出具体的回答，乃立足现代散文文本，品味语言。

选入这个学段的现代散文很多都是1949年以前创作的，有一定的历史使命，教材中的每一篇现代散文应从纵向的历史长河中探寻沉浮的情景，横向结合现在自身的生活阅历、社会背景品读散文，挖掘散文中的韵味、情感。经典之所以成为经典，是因为这些散文篇章没有时代、空间、国界、民族的隔阂，虽然它的作者结束它的那一刻，笔尖轻触纸张，画了一个圆满的句号，但这一笔并不意味着它止步不前，而是意味着从落笔的那一刻起，作者将感情、精神注入文本体内，赋予了它生命，使它不受任何时间和空间的限制，从而

① 中华人民共和国教育部制定：《普通高中语文课程标准（2017年版2020年修订）》，人民教育出版社2020年版，第50页。

启迪人们的智慧、抚慰人们的情感，并将生生不息、源远流长。

2. 选修教材现代散文的选文特点分析

人教版选修教材中国现代散文的选文按专题形式组合，专题内容较为突出、吸引学生眼球，以提高学生学习散文的兴趣。专题之下都编排了三篇现代散文，有的单元有跨国界的散文，中外结合，对比差异，加深理解。单元的设计特色在于每个主题下都会着重介绍散文的一个特点，这样加深学生对散文特点的理解，结合必修散文教学，再次回顾散文，起到巩固知识的作用，加深印象。现代散文有两大突出重点，首先是“形与神”；其次是“情与理”。教材编者是依据这两个特征编写的，科学合理地编排各个单元的学习内容。相应的，具体篇目作为“现代散文的形与神”这个大理论知识的理解与运用。

高中选修教材编设的单元不多，每个单元主题突出，在教学方法上有所强调，明确这一篇现代散文是精读还是粗略地读。精读课文都被安排在单元的首篇，如林语堂的《动人的北平》、余秋雨的《都江堰》、汪曾祺的《葡萄月令》。剩下的两篇现代散文则是略读课文，对其学习要求略低些。

选修第一单元的专题是“那一串记忆的珍珠”，每个作者都用各自的笔墨描绘出自己记忆最深处的地方。《动人的北平》从标题上可以确定这篇散文是关于北平的，作者通过平实而有意蕴的字词，以比喻、拟人的修辞手法给读者展现一个活灵活现的北平。作者以“以小见大”的手法，通过刻画一些细小的景物来放大北平的诸多别致动人之处。《汉家寨》感情真挚，情深意切，完美再现散文“真”“善”“美”的特征，内容丰富，横跨历史，具有较强的厚重感。语言简练而有内涵，其中“坚守”一词贯穿全文，也是作者写这篇散文的真正意图，向学生传达“坚守”的精神，以适用终身。《特利赫尔的幽灵》一文在叙议中插入作者自己的理解、思考。这三篇文章都是通过景物描写来抒发自己的情感和思考的，由于作家不同，经历、情感、语言风格、表达方式自然不同，因此，品散文，悟百味情感。

第三单元的第一篇是精读散文，最后两篇是略读篇目。《都江堰》涉及面广阔，有历史事件和人物，也有作者眼下场景。作者透过对都江堰相关历史人物和事件的描述，融入自身对这些人和事的思考，表达心中的哲思。《吻火》被选入教材的原因在于它本身使用的“小处着墨，大处着眼”手法，引人注目。在日常生活中，很少有人细致地观察眼睛是什么颜色，或是去吻火，作者抓住这些细节，透过“吻火”的细微动作，突显徐志摩柔情、目光传神的特点。《合欢树》一文与另外两篇有所不同，将写人、记事、写景融合在一起，运用托物言志的手法，以合欢树为依托，作者睹物思人，以表达自己对母亲深厚的爱与怀念，截取了生活中的几个小片段表现深厚的母爱和对母亲的怀念。

综上，是人教版高中语文教材中涉及的现代散文具体分布状况。作为一线教师，要有整体意识和局部意识，从宏观上整体把握教材，对每一册要了如指掌，铭记于心，搭建起学段与学段、册与册、单元与单元之间的关系。现代散文教育是一个循序渐进的过程，每个学段都不容忽视，教师自己要做到心中有数。从微观上具体到课与课、一篇课文本身，需要教师自己去揣摩去挖掘，其目的是使学生在整个现代语文的学习过程中，吸收现代散文的精华，提高文学素养和境界。

三、初中与高中语文教材散文选文的比较

（一）初中与高中语文教材散文选文的共同点

通过对新旧版的中学语文教材所涉现代散文篇目的罗列分析，可以看出，义务教育初中语文新版教材和高中语文新教材，在选文上均有很大的变化。新教材增加了许多与时代接轨的篇目，体现与时俱进的特征，具有强烈的时代色彩。例如，部编版初中语文教材七年级上册中刘湛秋的《雨的季节》、下册的抒情性散文《一棵小桃树》等；人教版最新版高中语文教材必修三第四单元的科普文章《动物世界之谜》以及必修五的文艺评论文与随笔文等。与此同时，编者也删除了一些陈旧、不符合学生认知的现代散文课文。例如，人教版八年级上册中杨朔的著名文章《荔枝蜜》、康敏的《心中的鹰》，九年级下册吴伯箫的《菜园小记》等。人教版高中高二年级第三册被砍掉的现代散文篇目非常之多，如鲁迅的《灯下漫笔（节选）》、余秋雨的《道士塔》、富兰克林的《美腿与丑腿》等。

最值得肯定的是，在初中和高中两个学段，不管教材怎么修改、变动，仍然保留文学史上永垂不朽的现代散文篇目，如朱自清耐人寻味的作品《背影》、老舍的《济南的冬天》、鲁迅的《拿来主义》、朱光潜的《咬文嚼字》等。这些作品堪称经典之作，即使教材几经修订，这些作品仍被视为我国优秀文化的瑰宝，价值连城。物质生活的富裕更需要文化精神上的富足，这个时代的学生在这样的环境之下，思想趋于早熟，他们的认知能力、知识水平、生活精神体验等各个方面都得到了显著的提升。针对老教材的编排顺序过于传统、与之有些格格不入的状况，新版教材做了调整，如初中统编版教材在单元主题上做了大幅度的调整，原本第一单元的主题内容是“亲情”，新版教材将之换成第三单元的“自然”，而第二单元的“学习”主题换成“亲情”，第五单元的“科学”主题直接去除，以贴近学生的“动物”为主题，唯独没有变动的只有第四单元的“人生”和第六单元的“现象”这两个板块，单元主题的调整变化，意味着所在学段的散文课文也会有大幅度的变化；高中学段的散文篇目在新旧版教材单元的编排上也有调整，如朱自清的《荷塘月色》在旧版人教版中被安排在高一第一册里面，而编者在新版教材里将其安置在第二册（必修二）第一

单元的记人记事散文单元。教材现代散文篇目所在册数、单元位置变化都有其科学、合理的依据，作为语文教师一定要理智地分析把握这些规律，它是我们教学必不可少的内容。

在国家非常重视义务教育和高中教育的背景下，能被选入语文教材的现代散文篇目都是极其有意义的，这样的篇目之所以被选进语文教材体系中，是因为教育部邀请许多语文界的专家、与语文学科关系密切的其他学科的教授专家、优秀特级教师等人，共同探讨而来。一言以蔽之，语文教材中的入选课文都是经过语文教育界有威望的教育专家、学者层层把关的，都是在挖掘这个作品背后的内涵，讨论是否符合中学生的培养方案等之后才拿来教学的。因此，不管是在学习知识、积累阅读写作经验上还是在提升文化素养、提高思想境界上，这些作品都是具有现实意义的“教书育人”作用的。结合诸多研究语文教材的论文和一线语文教师对教材的认识，可以看出过去的教材都有比较突出的特点，即“难”“繁”“偏”“旧”，明显不符合学生学习的需要，严重脱离学情。新教材推陈出新、革故鼎新，以旧版教材为基底，采纳保留旧版教材优秀之处，摒弃旧教材的不足。例如，经典之作《背影》，不管教材怎么调整变动，《背影》始终会亮相在教科书上，只是每个时期选入“这一篇”作品时，教学内容的侧重点多多少少有些不同，这和所处的社会时代大背景有很大的关联性。在今天的社会时代大背景下，“这一篇”的教学内容重在引导学生准确地理解父亲与“我”之间复杂的情感，不仅仅强调歌颂父亲对儿子伟大的爱，更多的是立足文本，结合朱自清先生的写作背景，采用感性与理性相结合的方式，从不同角度挖掘父亲和“我”的情感变化过程，剖析这种“爱”、怀念背后的“愧疚”。由此提升学生的情感体悟能力，重视学生主动结合自己的生活经验和情感经验感知作者复杂交错的情感，这也是现代社会发展需要对人才培养的要求，具有鲜明的时代特色。与之类似的还有诸多课文，如《散步》《从百草园到三味书屋》《荷塘月色》《故都的秋》等，这些文质兼美的现代散文篇目都是语文教学中必不可少的元素，它们包含的教学内容意蕴丰富多彩，既能积累知识、陶冶情操，提高文化素养和精神境界，也能体现时代的需要和特色，以期你中有我，我中有你，并驾齐驱。

如今是物质文明与精神文明相契合的时代，是互联网快速发展、5G高网速的智能时代，给语文教学带来了诸多的便利，与此同时，也面临着一些挑战。初中、高中学段的学生思维开放、好奇心强，对知识的渴望是难以预测的。在这网络繁华的时代，网络文学正好满足了学生的需求，各种阅读APP的使用。例如，微信公众号平台每天的新闻杂志、通俗小说等文章的推送，掌上阅读、学习通、微信读书等APP的使用。学生虽然阅读涉及的领域广、内容丰富，但究其内在，文章质量不容乐观，大多是一些低俗、营养价值低的文章，像网络言情小说、通俗易懂的漫画、各种类型的青春寄语等。这些文章的出现并非一无是处，而是需要甄别阅读，该阶段的学生还未具备这种能力，学生追求的是自己看得懂并感兴趣的文章，在长时间的影响下，学生只会越来越浮躁，静不下心来欣赏、品味教材中精心挑选的现代散文作品。现代散文与其他文体大有不同，它没有小说波澜起伏的故事情节、诗歌的意境和戏剧荧屏的完整性，其语言铺陈直叙、平实朴素，需要慢慢揣摩品味，但对这个现状的中学生来说是比较枯燥乏味的，他们无心走进散文文本内部，与作者畅谈。究其实质，无非是学生的知识积累有限、认知水平不高，解读文本的能力欠缺，但不能否认的是，我们的语文教学在很大程度上，并没有做到尊重学生的身心发展特点，亦无法满足学生合理的情感需求，因而学生也就只把散文学习当成一个考试的工具，学完便抛在脑后[①]。一线语文教师在教学中功利性地瞄准中考或是高考，忽略学生真正的学习需求，导致学生厌学、弃学。就此，新教材的编者考虑到这些影响的方方面面，依据学生的身心发展规律、学习需求、各个学段的学习目标，选取了贴近学生生活或是情感经历的现代散文篇目，以兴趣为基点，构建学生与文本的联系，真正让学生参与到作品中与作者展开精神交流。

语文教材的现代散文选文侧重散文的个体情怀性（作者情感个性化）。学生、教师都是有个性的个体，而散文又是作家个人情感的流露，“真”“善”“美”是有别于其他文体的显著特征，写真人、记真事、抒发真情实感是散文最有魅力的地方，涉及作者的喜怒哀乐、爱好与憎恨、厌恶、所思所想等各种情感交错。截然不同的人生，蕴藏着百态，孕育着不同的价值，用散文最朴实的文体道出人生的真谛和哲理，有的慨叹命运多舛；有的追问和反思人生的价值与意义；有的寻求生命至上，可谓意蕴无穷，深受启迪；有的作者则更关注自然与社会。社会各种不正之风引发作家们的深思，想扭转这种局面但又无能为力，仅靠手头一纸一墨，挥洒自己的无可奈何。散文的题材广泛多样，可以用平实的语言书写个人的一腔热血，抒发自己的情感，也可以对大自然进行一番赞美。人是一个独立的个体，说话做事风格不一，每个散文作家的作品都是自己的真实写照，生活阅历、人生经历、思想境界各不相同，其作品的创作风格、写作手法、遣词造句都富有自己的特色象征。看散文百态，品百味人生，正是散文独特的魅力所在。

由此可见，中学语文教材所选的散文，对于一个时代的教书育人都有一定的促进作用，没有年代限制，更多的是精神上的交流，以及文化品位、审美上的一致。

（二）初中与高中语文教材散文选文的差异

初中与高中语文教材散文选文的差异性，主要表现在散文的表达方式、教材的单元组织形式两个方面。

从教材散文的表达方式看，初中主要选取的是一些写景抒情性散文、写人记事性散文，而高中散文选文主要是抒情性、议论性散文。这样的教材编排是非常契合学生的心理发展趋势的，符合语文学习的发展规律，具有科学性和合理性。众所周知，学生的思维转变，

① 姚利民：《有效教学研究》，华东师范大学2004年博士学位论文，第7页。

包括世界观、人生观、价值观的形成，都发生在高中这一关键阶段。因此，这一阶段的学生通过学习文质兼美、情理交融的现代散文，能提升自己对社会人生的感知、体悟。

从所用教材的单元组织看，初中学段的统编版教材按人文主题编订，单元提示不强调散文的文体特征，教学重点是学生语感的培养、情感的体验。在高中学段，人教版教材则很关注体裁特征，且将掌握散文的文体特征作为学习目标。在高中阶段，以文体作为选文标准是非常合理的，利于学生在散文感性认识的基础之上提升其对散文的理性认识，建构关于散文的专门的阅读、写作体系，在面对高考现代文（散文）阅读时临危不惧，信手拈来，有利于学生在散文实践阅读与写作中灵活运用相应的方法，增强自己对散文的喜爱。

第三章　中学现代散文教学内容存在的问题及原因

2001 年《全日制义务教育语文课程标准(实验稿)》颁布，揭开了 21 世纪语文改革的新篇章，2002 年《全日制普通高级中学语文教学大纲》颁布，2003 年又修订为《普通高中语文课程标准（实验）》，由此，高中语文课程改革拉开了序幕。随着基础教育语文课程改革的推进，《全日制义务教育语文课程标准》《普通高中语文课程标准》又都在不断进行修订，新课标以全新的理念推广开来。新课标非常明确地指出："语言文字是人类社会最重要的交际工具和信息载体，是人类文化的重要组成部分。工具性与人文性的统一，是语文课程的基本特点"①。这是语文课程改革得以稳步推进的纲领，毋庸置疑的是，它在《基础教育课程改革纲要(试行)》基础上，指明了基础教育的改革继续前进的方向。语文学科的工具性与人文性之争已经很多年了，伴随语文教育教学的发展，工具性与人文性的发展也得到教育工作者的不断探索与完善，新课标理念的提出，指明了语文教育教学发展前进的方向。语文教育教学从单纯的工具性中解脱，语文学科整体功能得到充分发挥，有力促进了学生的求真与向善，语文核心素养也得到了培育。教育要培养具有广博的学识、美好的道德情操、高尚的审美情趣的建设者与接班人，这一根本目的也有了遵循。

教育进入新时期以来，特别是在基础教育课程改革以来，不管是在语文课程标准的制定、语文教材的建设还是现代散文教学的实施上，都有了很大的改观，具体体现在以下方面：

第一，注重语言品味。对语言的把握是现代散文教学的基础，读书百遍，其义自见，这是古人给我们留下的宝贵经验，要想深入理解文章的意思，非朗读、非大声朗读、非反复大声朗读而不能。实际上，在现代散文的教学实践中，朗读的方法仍然适用。杨鸿飞说："朗读是散文教学中必不可少的环节，学生只有反复诵读，才能进入到作品的情境之中，品味出作品的奇妙之处，感受到它的韵律美和抒情美。"②在中学语文教学实践中，教学现代散文，除朗读外，还得让中学生在文本的解读中体味和感悟作品的美。体味，就是要走到文字的背后，走进作者的内心，与作者思想产生碰撞的火花；而感悟就是通过对作品文字的感受与品味，在文本阅读中得到成长。有人指出："在散文教学中，品尝语言

① 中华人民共和国教育部制定：《普通高中语文课程标准（2017 年版 2020 年修订）》，人民教育出版社 2020 年版，第 1 页。

② 杨鸿飞：《散文教学与学生审美能力的培养》，《宁波教育学院学报》2013 年第 5 期。

美是重点，只有让学生细细咀嚼、揣摩，才能体味散文语言的情韵。”[①]入选中学语文教材的现代散文，语言规范、流畅和优美，意境悠远。它们经常“用诗情画意的语言、多种表现手法描绘出诗一般的意境，令人赏心悦目、韵味无穷”[②]。所以，语言的品味是现代散文教学实践中极为重要的一个环节。正是因为这个道理，很多中学语文教师认为，散文教学就是“要让学生在字里行间体味、领悟行文的思路”[③]。

第二，注重人文关怀。语文教育界已就此达成共识，有学者说：“语文课堂本应是最具有生命力、穿透力的鲜活的课堂，本应是最具人文魅力、最能提升学生精神品位的学科；散文教学本应是唤起学生对自然的热爱、对生命意义的讴歌的。”[④]倘若学生学习语文，仅仅是记录知识的话，那么他很快就会对语文学习感到厌烦。然而相较于其他选入中学语文教材的文体，现代散文更加贴近我们的日常生活以及习惯用语表达，情感也更相似、更真切，所以更能让中学生产生共鸣。

怎样借助于现代散文教学来激发并提升中学生的感悟力、理解力、想象力，是现阶段语文老师很关注的话题。有人提出：“在教学过程中，要结合每个学生在成长阶段存在的个性和特点成功找到散文教学的契机，在整个教学过程中要发挥学生的想象力、创造力，让学生体会到学习散文的乐趣和魅力。”[⑤]作为一个语文教师，教学的主要目标，即让学生展开想象，在想象中体悟文学的味道，学会做人的道理。

第三，注重精神启迪。精神的启迪是现代散文教学的重要教学目标，多年的现代散文教学让我们体会到，不仅应该提升中学生语言运用与理解能力，而且还需注重对中学生精神的启迪。例如，有教师在教《春》时，“按照‘语言美—意境美—情感美—哲理美’这样的审美过程，对学生进行审美教育，培养他们感受美、发现美、鉴赏美的能力”[⑥]。这个例子充分说明，已经有越来越多的教师开始注意到“成功的散文教学应该牢牢抓住‘美’这一特质，就散文本身的意境美、语言美、情感美展开深入钻研、讨论，将散文的学习过程转变为审美过程”[⑦]。文学是人学，现代散文是为人而教的，教学目标中含着人性教育。比如，有位教师在教授《我与地坛》时，提出了一个“‘如果没有地坛，史铁生是否会一死了之？’的开放性问题，让学生参与讨论，让文本内涵在追问中向着人性的方向升华”[⑧]。

---

① 何璐、王卫玮：《浅谈散文教学中文体美的传达》，《安徽文学》（下半月）2009 年第 4 期。

② 张伟：《在欣赏中进行散文教学》，《新课程研究》（基础教育）2009 年第 11 期。

③ 郑志丽：《以语言为中心组织散文教学》，《内蒙古教育学院学报》1999 年第 S1 期。

④ 张政栋：《初中现代散文教学教法探讨》，《文学教育》2013 年第 2 期。

⑤ 陈林：《浅议初中语文散文教学》，《语文教学与研究》2013 年第 2 期。

⑥ 卫朋飞：《审美教育在散文教学中的运用》，《新疆教育》2012 年第 3 期。

⑦ 许燕：《审美视角下的高中散文教学》，《语文天地》2013 年第 17 期。

⑧ 杨宗美：《散文教学新思路》，《语文教学与研究》2013 年第 13 期。

多年的现代散文教学留下了很多宝贵的教学经验，在这里就不一一列举。而更重要的是立足当下，放眼未来。我们发现，在现代散文教学中，还存在一些不容忽视的问题。为了客观地了解中学语文现代散文教学内容的现状，找寻建构中学语文现代散文教学内容的路径，笔者专门在部分中学展开了现代散文教学现状的调查研究。此调查涵盖了现代散文教学内容方面相关问题的调查，在调查过程中与一线中学语文教师就现代散文教学内容方面进行了深入的交流访谈。本次调查运用的方法主要有问卷法、访谈法和观察法。即想通过对现代散文教学整体现状的透视，弄清现今中学现代散文教学中存在什么问题和困难，特别是在教学内容上是否存在问题，以及问题成因之所在，以便于努力寻求和建构解决问题的策略。

一、中学语文现代散文教学现状调查

要想中学语文现代散文教学取得成效，需要教师和学生密切配合，同频共振。为此，本研究专门针对中学生和教师在中学语文现代散文教学中的学与教的现状展开调查，希望通过问卷、访谈与教学调查，找寻到现今中学语文现代散文教学的成效与问题，以期为中学语文散文教学的内容重构提供一定的参考。

（一）初中语文现代散文教学现状调查

1. 初中生问卷调查

本次调查选取 × × 省的一所普通初中，在该校，初中语文教材选用了人教版与部编版，调查的样本具有一定的代表性。该学校七至九年级共有 67 个教学班，其中七年级 25 个教学班，八年级 21 个教学班，九年级 21 个教学班。本次调查分别随机选取了七年级、八年级、九年级各两个班。本次调查以不记名的方式共发放 300 份问卷，其中七年级发放 100 份，八年级发放 100 份，九年级发放 100 份；其中七年级回收有效问卷 95 份，有效率 95%；八年级回收 100 份，有效率 100%；九年级回收 82 份，有效率 82%。因为问卷发放的当天该校九年级正值月考，问卷是第二天回收的，所以问卷有效率较七、八年级来说较低。总体而言，本次初中生问卷调查的平均有效率为 92%。

第一，对现代散文学习的兴趣。

为了解初中生对于现代散文学习的兴趣，笔者在问卷中设置的问题是："你对散文学习感兴趣吗？"其中选择"比较感兴趣"的初中生有 227 人，占到了总人数比重的 82%；选择"不感兴趣"的人数为 50 人，占有效卷总人数的 18%。据此可以看到，初中生整体而言对现代散文还是比较有兴趣的，多数初中生喜欢阅读和欣赏现代散文。就喜欢现代散文的程度来说，八年级人数最多，七年级人数次之，九年级人数最少。

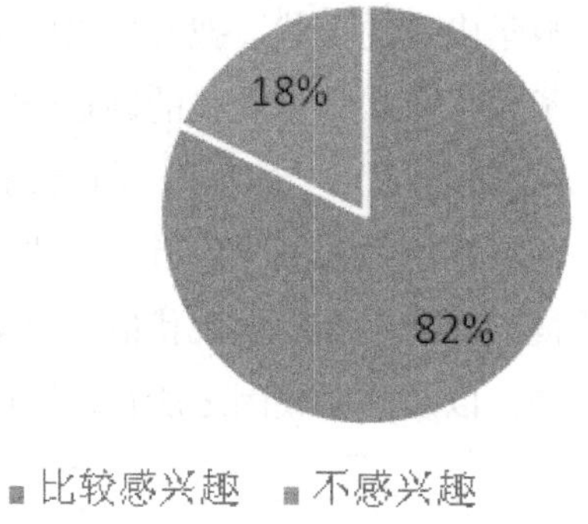

图 3-1　初中生对现代散文学习兴趣占比

第二，初中生对语文教材中选入的现代散文的兴趣。

为探究初中生对教材中所选入的中国现代散文的态度，问卷设置了“你喜欢现在课本中收录的中国现代散文吗？”和“你课余时间喜欢去读教材以外的现代散文作品吗？”这两个问题。对于第一个问题，回答“特别喜欢”的初中生有 59 人，占总人数的 26%；回答“比较喜欢”的初中生有 125 人，占总人数的 55%；回答“不太喜欢”的初中生有 32 人，占总人数的 14%；回答“特别不喜欢”的初中生有 11 人，占总人数的 5%。关于第二个问题，有 145 名初中生选择的是“非常喜欢”，占比 64%；有 57 名初中生选择了“比较喜欢”，占比 25%；选择“不太喜欢”的初中生有 18 人，占总人数的 8%；选择“特别不喜欢”的初中生有 7 人，占总人数的 3%。由此可见，初中生对于课本中收录的现代散文，特别喜欢的人不多，兴趣程度不高，多数初中生选择了“比较喜欢”，从侧面反映了在现代散文的教学中，有些语文教师在现代散文的文本解读时还存有问题，这也影响了初中生对现代散文学习的兴趣。对于课余时间是否喜欢读现代散文，多数初中生选择了喜欢。对于这两个问题的回答，较为客观地反映了初中生对课本中所选的现代散文整体还是比较喜欢的。但不容忽视的是，学生的回答也反映出当前有的初中语文教师在教学现代散文时还存有不少的问题，这也影响了初中生对现代散文的学习兴趣。

第三，初中生对现代散文学习的态度。

为了解初中生对现代散文学习的态度，本问卷设置了三个问题：第一是“你认为现代散文与其他文体作品学习方式有区别吗”；第二是“课文中收录的现代散文对你哪方面影响最大（可多选）”；第三是“你是否喜欢老师教授的现代散文”。对于第一个问题，回答“没区别”的初中生有 9 人，占总人数的 4%；回答“有区别”的初中生有 126 人，占总人数的 55%；回答“有点区别”的初中生有 81 人，占总人数的 36%；回答“不了解”

的初中生有 11 人，占总人数的 5%。对于第二个问题，回答“阅读水平提升”的初中生有 130 人，占总人数的 57%；回答“审美能力提升”的初中生有 89 人，占总人数的 39%；有 136 位初中生选择了“写作水平提高”，占比 60%；有 57 名初中生选择了“应试能力提高”，占比 25%；选择“明白人生的道理”的初中生有 125 人，占总人数的 55%；有 8% 的初中生选择了“其他”，有 18 人。对于第三个问题，回答“非常喜欢”的初中生有 73 人，占总人数的 32%；多数学生选择了“比较喜欢”或“不太喜欢”。由此可以看到，部分学生对学习现代散文与其他文体的作品是否有区别是不了解的，这值得重视。大部分初中生知道现代散文对自己的阅读水平、审美能力、写作水平以及个人成才有重要影响，57 人选择“应试能力提高”这个回答也让我们看到，部分初中生认为老师所教授的现代散文是与考试脱节的，可见多数初中生能够认识到现代散文学习的重要意义，但同时可以看到，不少的初中生对于初中语文教师现代散文的教学效果并不满意。

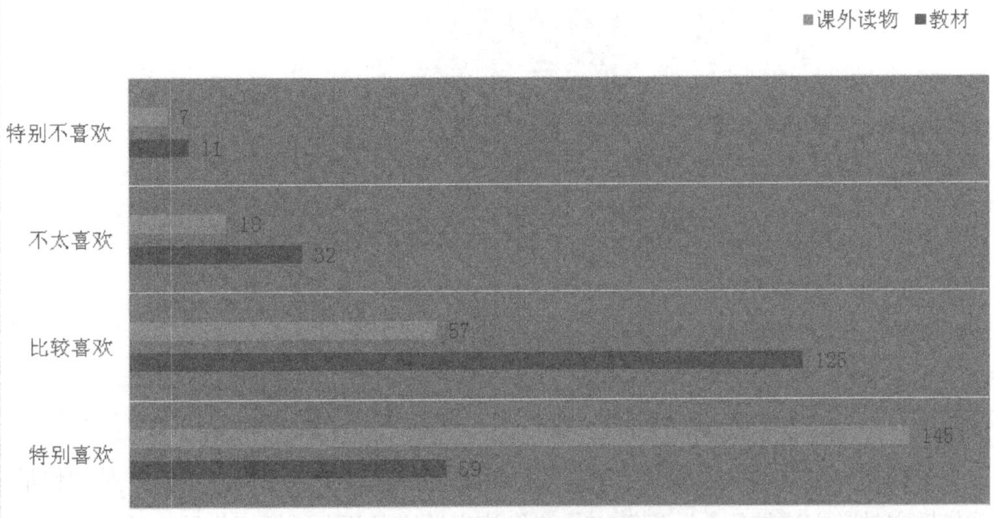

图 3-2　喜欢教材中和课外读物中的散文作品学生人数

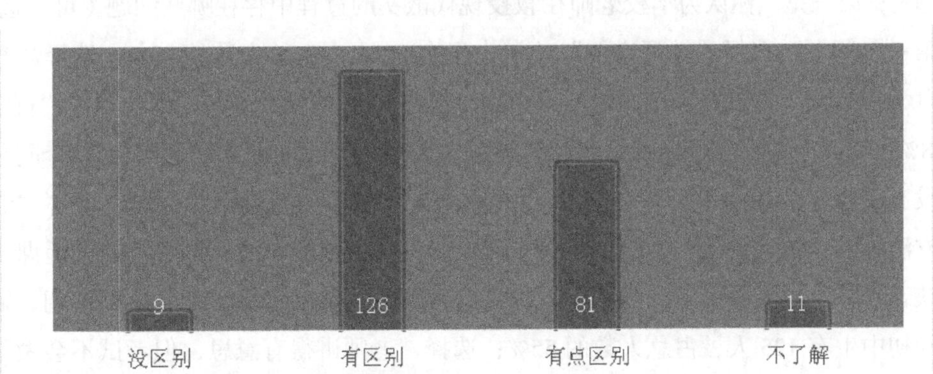

图 3-3　初中生对现代散文和其他文体学习方式的看法

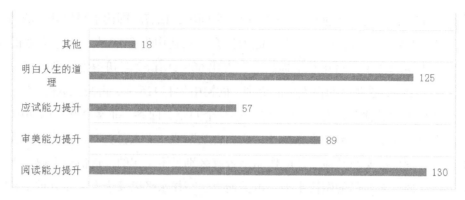

图 3-4　初中生对现代散文学习的影响的看法

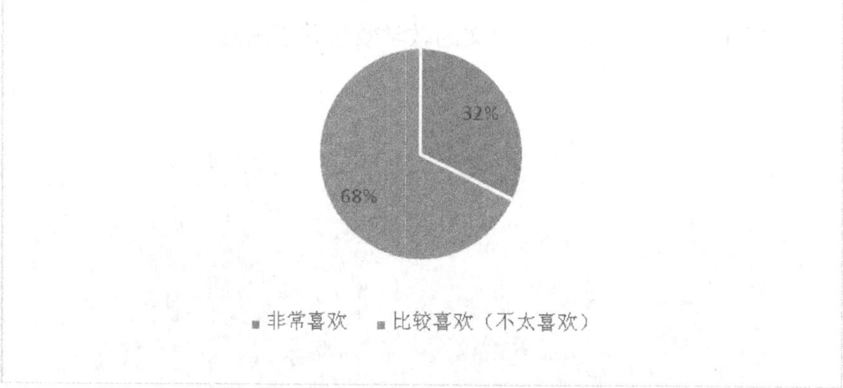

图 3-5　初中生是否喜欢教师教授的现代散文占比

第四，初中生对教师散文教学的意见。

为了探究初中生对教师散文教学的意见，调查问卷设计了三个问题：第一是“你最喜欢的现代散文教学方法是什么”；第二是“你认为学校老师在教授现代散文的过程中是否有问题”；第三是“你认为学校老师在教授现代散文的过程中存在哪些问题（可多选）”。对于第一个问题，选择“教师讲解”的初中生有 91 人，占总人数的 40%；选择“教师讲解与自学相结合”的初中生有 114 人，占总人数的 50%；有 18 名初中生选择了“自学”，占比 8%；有 4 个初中生选择的是“没有想过这个问题”，占比 2%。对于第二个问题，回答“没有问题”的初中生只有 27 人，占总人数的 12%。对于第三个问题，回答“老师的教学方法陈旧、缺乏创新”的初中生有 114 人，占总人数的 50%；回答“老师上课千篇一律、缺乏趣味”的人数最多，为 154 人，占总人数的 68%；选择“课堂枯燥单调、缺乏美感”的初中生有 125 人，占总人数的 55%；选择“老师讲得有意思，但考试不会做”的初中生有 73 人，占总人数的 32%；选择“其他”的初中生有 39 人，占总人数的 17%。同时还有同学补充道“老师讲不明白课文的内容”“不知道老师讲了什么，越听越糊涂”等问题。由此看出，初中生对现代散文教学的现状并不满意，多数初中生认为他们的老师在教授现代散文时是有问题的，我们应该对现代散文阅读教学存在的种种问题进行深入的思考，寻求构建有效课堂的策略。

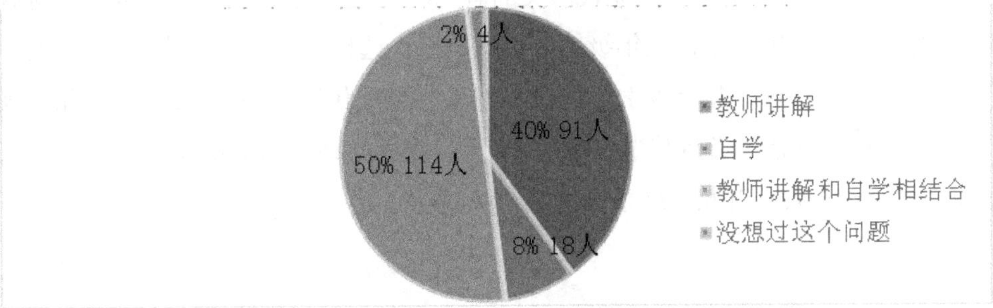

图 3–6　初中生喜欢的现代散文教学方法占比

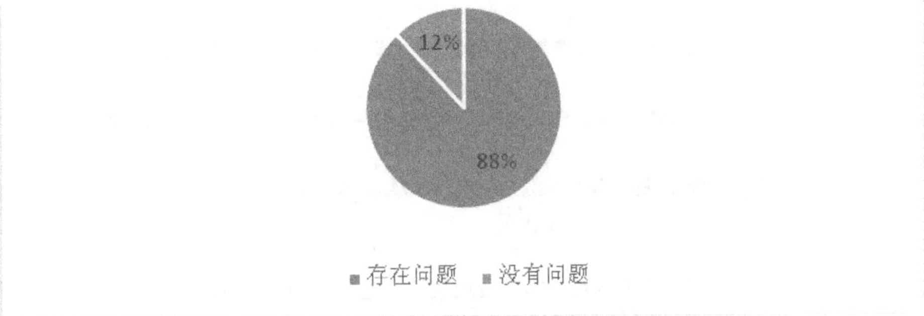

图 3–7　初中生认为教师在授课中是否存在问题占比

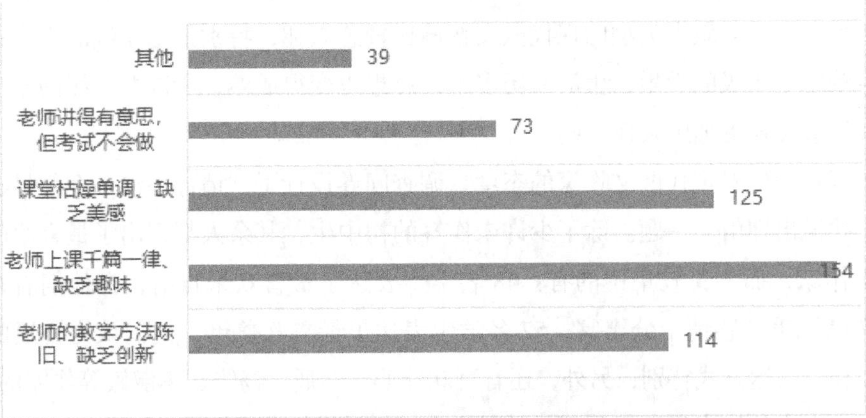

图 3–8　初中生对教师教授现代散文过程中的问题的看法

第五，初中生感兴趣的散文类型及作家。

调查问卷通过设置“你喜欢阅读哪种类型的现代散文”这个问题，可以了解不同年级的初中生感兴趣的现代散文类型。结果显示：选择“叙事”类现代散文的以七年级学生居多，95 人中有 89 人选了该项，比例高达 94%；选择“抒情”类现代散文的学生有 62 人，占七年级总人数的 67%；选择“议论”类现代散文的学生有 61 人，占七年级总人数的 27%。八年级学生选择“叙事”类现代散文的有 88 人，占八年级总人数的 88%；选择“抒情”类现代散文的有 50 人，占八年级总人数的 50%；选择“议论”类现代散文的有 43 人，占八年级总人数的 43%。九年级学生选择“叙事”类现代散文的有 52 人，占九年级总人数的 63%；选择“抒情”类现代散文的有 14 人，占九年级总人数的 17%；选择“议论”类现代散文的有 66 人，占九年级总人数的 80%。

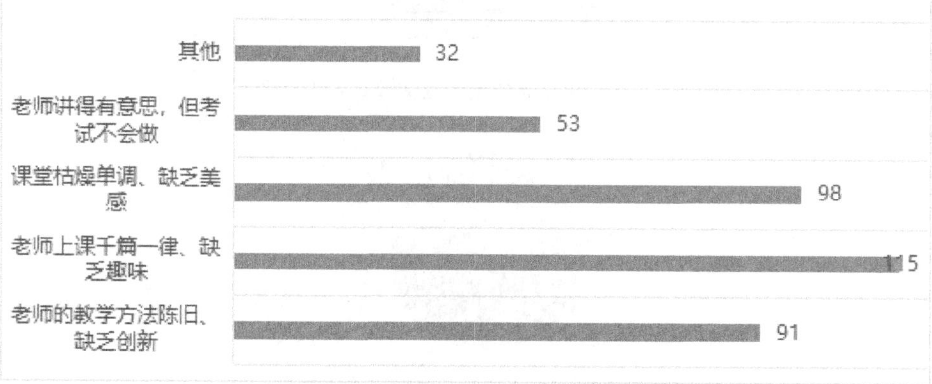

图 3–9　高中生对教师教授现代散文过程中的问题的看法

由初中生选择的数据可见，不同年级的初中生对现代散文类型的兴趣倾向也是不同的。初中三个年级的学生对叙事类型的现代散文普遍比较感兴趣，特别是七年级的学生；而九年级的学生较之七年级的学生，生活阅历多了，思想也变得成熟，所以九年级的学生对议论类型的现代散文要更加感兴趣一些。

为了了解初中生对现代散文作家的态度，调查问卷设计了“请你举出一个你最喜欢的散文作家，并说出理由”一题。除了少许未作答的初中生，其余人都列出了最喜欢的某个现代的散文作家，而意见较集中的有：48 名学生表达了最喜欢朱自清，在他们看来，朱自清散文文笔优美，感情十分丰富；57 名学生表达了最喜欢鲁迅，他们认为鲁迅的文章语言十分犀利，表达方式特别；另外，还有喜欢冰心、茅盾、杨绛、毕淑敏等作家的学生。由此看来，初中生整体来说选择的都是教材中出现了的散文作家。

2. 教师访谈与教学观察

为客观了解初中语文教师的现代散文教学课堂现状，笔者深入所在地区的一些初中语文教学现场观摩，并就课堂情况与一线教师进行交流。通过与一线初中语文教师的交流访谈，了解到一些情况：

其一，关于课前准备，一些学校从不组织教师集体备课，而是统一在开学初给老师发放一些语文教参，教师们就根据参考书进行教学设计。谈及“学校怎样组织语文教师集体备课教研”时，一些语文教师谈到所在校每周会组织老师进行集体备课教研，通常是一个老师说课，其他教师自由发表意见，对说课教师的设计做补充，而对“为什么这样设计”几乎不展开讨论。甚至有很多老师表示，在自己的学校就没有集体备课这种教研方式，大家一天都很忙，没有时间进行集体备课，只需根据学校发的参考书自己进行设计，完成语文教学任务就行。这种现象在农村乡镇中学，特别是教育相对落后地区的初中，表现得更为明显。关于怎样确定某篇选文的教学目标，许多老师表示要依据“看教学参考书”来设定。这种做法意味着，忽视教学对象，他们只要是学习相同的文本，所达到的教学目标就没有区别了。然而目前的现实是，在学习能力、学习水平上，不同地区的学生差异很大，即使是同一个地区，如果是不同的班级，也会有所不同，如果忽视这些不同，不进行差异化的教学，那么，语文课堂教学的有效性就难以得到保障和实现。

其二，对于散文教学的教学流程与教学环节，被访谈的初中语文老师大都是这样的：“导入—介绍作家作者—朗读—细读并讲解重点语句和主要内容—布置家庭作业”。还有怎样开展朗读，多数人未对文章进行分类，没有根据文体的不同而展开，现代散文教学也同样如此。对于怎样进行细读与讲解，部分教师表示，自己通常能运用提问的方式逐步推进，不断引导学生掌握文章的重难点。在访谈到一些乡镇中学的语文教师时，他们认为由于所在地区条件的限制，要做到真正意义上的提问是很难的，很多问题提出也是教师自问自答而已，学生不太配合。其中一位老师就说到，他让学生朗读，对文章内容有了大致的了解后，他会提“请大家概括本篇课文的主要内容”这样的问题，即使是这样比较简单的问题，主动回答的学生也很少，倘若继续深入展开提问，则更加难以达到提问的目的，所以老师在设计问题时多是一些封闭式的问题，教师提问后，学生只要回答“是或不是”“对或不对”和“好或不好”，而剩下的内容则多由教师讲解完成。

（二）高中语文现代散文教学现状调查

本次调查选取了 ×× 省的一所普通高中，该学校高中语文教材用的是人教版，在教材的选用上具有一定的代表性。该校高中三个年级共有 92 个教学班，其中高一年级 32 个教学班，高二年级 30 个教学班，高三年级 30 个教学班。本次调查分别随机选取了高一年级、高二年级、高三年级各一个班。本次调查以不记名的方式共发放 180 份问卷，其中高一年级发放 57 份，高二年级发放 63 份，高三年级发放 60 份。其中高一年级回收有效问卷 57 份，有效率 100%；高二年级回收 60 份，有效率 95%；高三年级回收 58 份，有效率 97%。本次高中生问卷调查的平均有效率为 97%。

1. 学生问卷调查

第一，高中生对现代散文学习的兴趣。

为了解高中生对于现代散文学习的兴趣，笔者在问卷中设置的问题是："你对散文学习感兴趣吗？"其中选择"比较感兴趣"的高中生有 138 人，占到了总人数比重的 79%；选择"不感兴趣"的有 37 人，占有效卷总人数的 21%。从中可以看到，整体而言，高中生对现代散文还是比较有兴趣的，大部分高中生喜欢阅读现代散文。但较之于初中生来说，喜欢现代散文的人数比例有所下降，这种现象值得引起教育工作者的重视和思考。

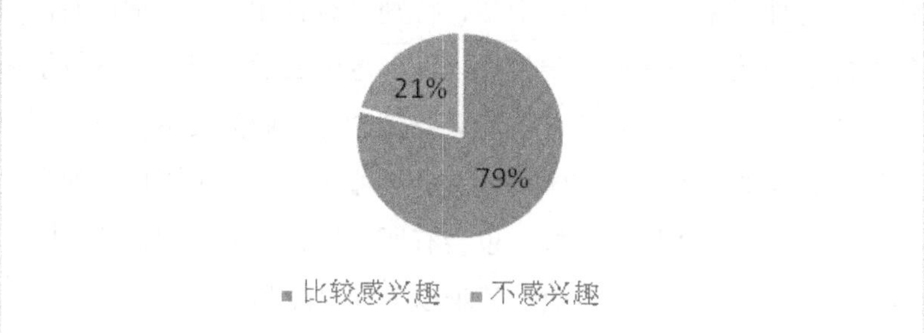

图 3–10　高中生对现代散文学习兴趣占比

第二，高中生对语文教材中所收录的现代散文的兴趣。

为了探究高中生对教材中所收录的中国现代散文的态度，笔者设置了"你喜欢高中语文课本中收录的中国现代散文吗？"和"你课余时间喜欢去读教材以外的现代散文作品吗？"两个问题。对于第一个问题，回答"特别喜欢"的高中生有 42 人，占总人数的 24%；回答"比较喜欢"的高中生有 98 人，占总人数的 56%；回答"不太喜欢"的高中生有 30 人，占总人数的 17%；回答"特别不喜欢"的高中生有 5 人，占总人数的 3%。对于第二个问题，选择"特别喜欢"的高中生有 84 人，占总人数的 48%；选择"比较喜欢"的高中生有 51 人，占总人数的 29%；选择"不太喜欢"的高中生有 33 人，占总人数的 19%；选择"特别不喜欢"的高中生有 7 人，占总人数的 4%。由此可见，高中生对于课本中收录的现代散文，特别喜欢的人不多，兴趣程度不高；多数高中生与初中生一样，选择了"比较喜欢"，从侧面反映了在现代散文的教学中，有些语文教师在现代散文的文本解读时还存在某些问题，这在一定程度上影响了高中生对现代散文学习的兴趣。对于课余时间是否喜欢读现代散文，由于课余时间的紧张，高中生与初中生的选择有所不同。但对于这两个问题的回答，还是比较客观反映了高中生对课本中所选的现代散文整体还是比较喜欢的，但对高中语文教师教学现代散文的满意度也不高，课余阅读现代散文的兴趣较之初中生有所下降。

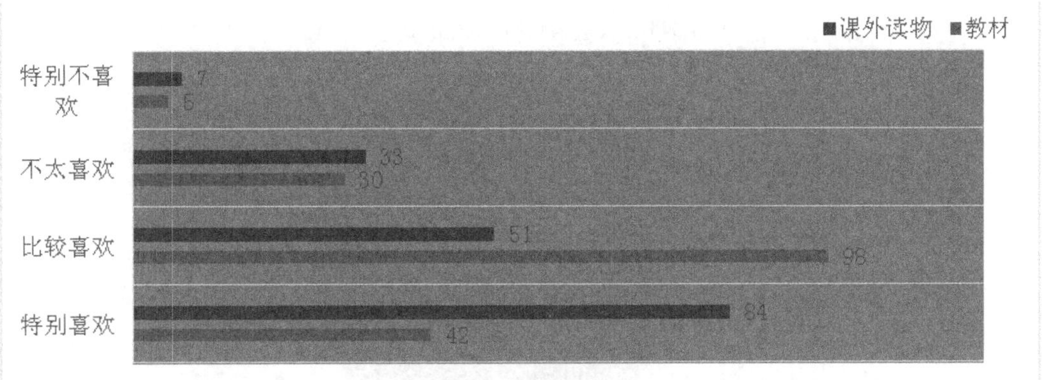

图 3–11　高中生喜欢教材和课外读物中的散文作品学生人数

第三，高中生对现代散文学习的认知。

为了解高中生对现代散文学习的态度，本问卷设置了“进行现代散文阅读时，你认为最大的障碍是什么？”与“你在阅读现代散文时，最先关注散文的哪个特点？”两个问题。对于第一个问题，回答“抓不住主题”的高中生有 67 人，占总人数的 38%；回答“词语的品析”的高中生有 61 人，占总人数的 35%；回答“美的感悟”的高中生有 42 人，占总人数的 24%；回答“其他”的高中生有 5 人，占总人数的 3%。对于第二个问题，回答“语言风格”的高中生有 87 人，占总人数的 50%；回答“作者情感”的高中生有 53 人，占总人数的 30%；回答“写作手法”的高中生有 26 人，占总人数的 15%；回答“其他”的高中生有 9 人，占总人数的 5%。由此可以看到，多数高中生对现代散文作品的学习是有比较强烈的愿望的，想通过现代散文的学习把握作品的内涵，从中汲取营养，但他们对现代散文认知的不足影响了学习的效果。

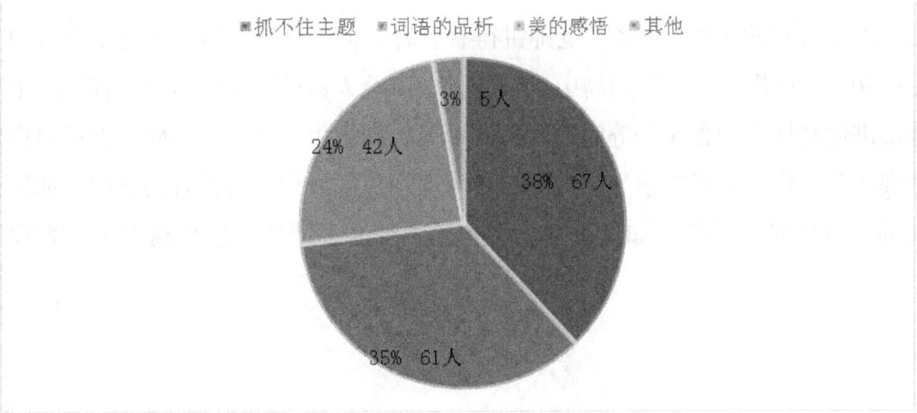

图 3–12　高中生在现代散文阅读中的障碍占比

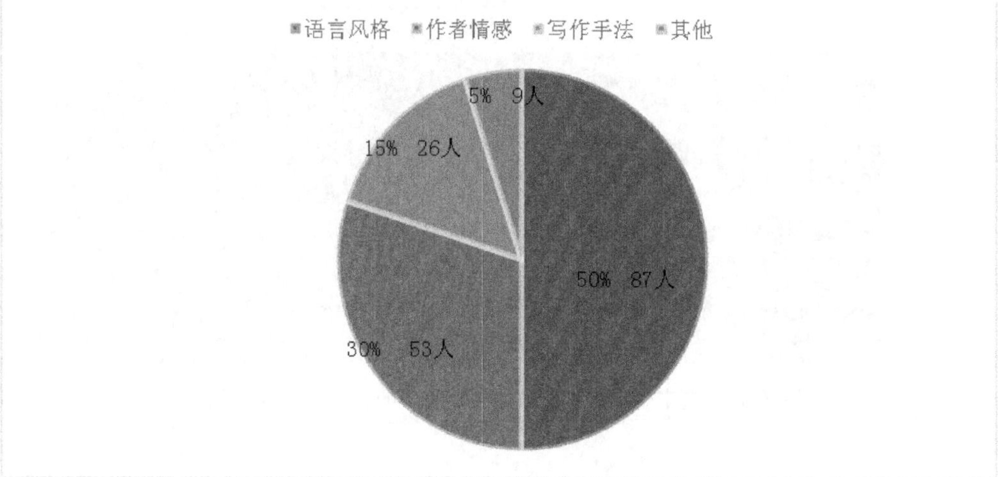

图 3-13　高中生在现代散文阅读中关注点占比

第四，学生对教师散文教学的意见。

为了探究学生对教师散文教学的意见，本问卷设置了三个问题：第一是“你最喜欢的现代散文教学方法是什么”；第二是“你认为学校老师在教授现代散文过程中是否有问题”；第三是“你认为学校老师在教授现代散文过程中存在哪些问题（可多选）”。对于第一个问题，选择“教师讲解”的高中生有65人，占总人数的37%；选择“教师讲解与自学相结合”的高中生有91人，占总人数的52%；选择“自学”的高中生有17人，占总人数的10%；选择“没有想过这个问题”的高中生有2人，占总人数的1%。对于第二个问题，回答“没有问题”的高中生只有26人，占总人数的15%。对于第三个问题，回答“老师的教学方法陈旧、缺乏创新”的高中生有91人，占总人数的52%；多达115人选择“老师上课千篇一律、缺乏趣味”，占总人数的66%；选择“课堂枯燥单调、缺乏美感”的高中生有98人，占总人数的56%；选择“老师讲得有意思，但考试不会做”的高中生有53人，占总人数的30%；选择“其他”的高中生有32人，占总人数的18%；同时，有的高中生提到“老师没讲清楚课文的含义”等问题。由此可见，高中生与初中生一样，他们对现代散文教学的现状并不满意，很多学生认为教师在解读现代散文作品时是有问题的，如何构建现代散文的有效课堂，特别是如何讲准确文本说了什么，同样是值得高中语文教师注意的问题。

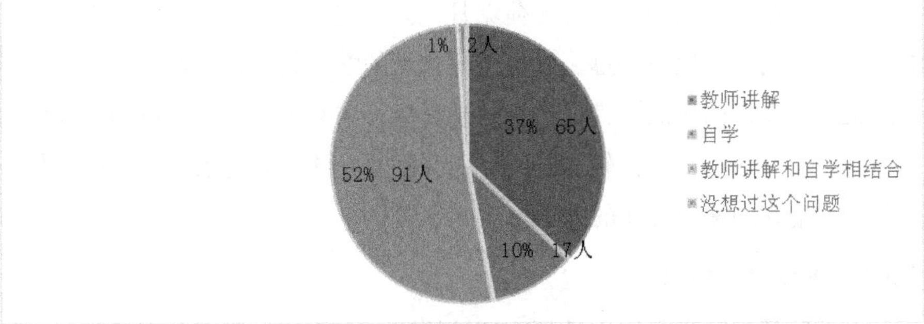

图 3-14　高中生喜欢的现代散文教学方法占比

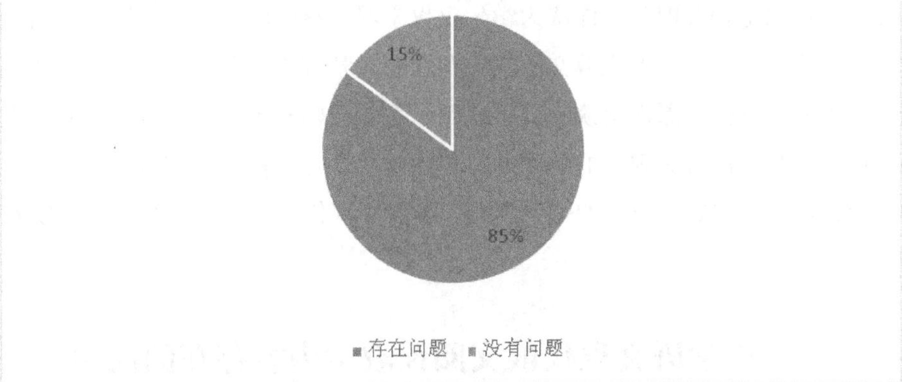

图 3-15　高中生认为教师在授课中是否存在问题占比

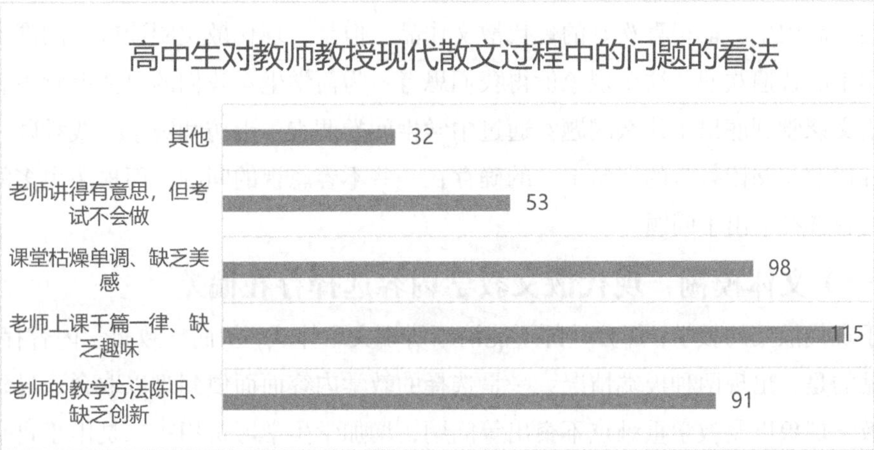

图 3-16　高中生对教师教授现代散文过程中的问题的看法

第五，高中生感兴趣的现代散文作品及作家。

为了解不同年级高中生感兴趣的现代散文作品及作家，本问卷设置了“你最喜欢的现代散文是哪一篇？”与“请你举出一个你最喜欢的散文作家，并说出理由”两个问题。调查结果显示：对于第一个问题，填写《荷塘月色》《记念刘和珍君》《故都的秋》等较为集中；对于第二个问题，填写鲁迅、朱自清等作家的学生较多，在他们看来，鲁迅、朱自清等现代散文作家创作的作品语言优美、情感真挚、内涵丰富。据此可知，高中生对现代散文作品与现代散文作家都是比较喜欢的，而且随着生活经验与语文经验的增加，他们更有了解现代散文蕴含的深刻含义的强烈愿望。

2. 教师访谈与教学观察

在与所在地区的部分高中语文教师交流访谈时，围绕“你确定散文教学内容的依据是文本体裁、课程标准、考试范围、学生学情还是教师用书”“你认为所教的语文教材中现代散文篇目的选用是否合理”“你认为学生仅仅学习教材中的现代散文篇目能否达到好的学习效果”“你认为当前的现代散文教学中存在着教学方法问题、教学内容问题还是教学观念问题”等问题进行了深入交谈，并且观摩了部分教师的现代散文教学课堂，发现多数教师还是比较重视现代散文教学的效果的，关注学生学习现代散文的兴趣与收获，但由于高考的原因，没能处理好考与教的关系问题，导致了现代散文教学内容的游离模糊。

二、中学语文现代散文阅读教学内容存在的问题

通过对初、高中学生的问卷调查，与中学语文教师的访谈与观察，我们发现，无论是初中生还是高中生，都很喜欢好的现代散文作品。但是，现代散文阅读教学的课堂并没有得到中学生的普遍欢迎。这个现象值得我们思考：为何学生对我们的语文课堂不感兴趣？我们的语文课堂到底出了什么问题？通过中学生问卷调查、走访和观察一线教师，我们发现，在现代散文阅读教学的课堂上，的确存在一些不容忽视的问题，而根源更多的是在散文教学内容选择上出了问题。

（一）文体模糊，现代散文教学内容选择存在偏差

对于现代散文的教学，部分教师不能清晰辨别文章体式，从而导致教学内容存在偏差。比较常见的是，出现两种极端情况：一是选择的教学内容面面俱到难以取舍，导致“满堂灌”的教学现象以及教学重难点不突出等问题，增加学生学习负担；二是由于自身有限的教学经验，着力点大多放在教学方法的借鉴上，过于看重课堂师生互动效果，对教学内容选择的正确性、适宜性缺乏深入思考。

如在《背影》的教学中，我们发现文章以“背影”为题，有的教师就将教学的关注点落在分析理解父亲的人物形象上。大致为：一是从父亲的动作行为、身材外貌、语言描写来分析他的伟大形象；二是通过“我”的四次流泪，表现作者的感动和怀念；三是拓展延

伸，通过此文的学习，让学生联系自己的亲身体验，谈谈父亲对自己的爱以及自己是如何理解这种爱的。总体而言，父亲成了教学内容的主体，散文阅读教学教成小说阅读教学。众所共知，小说阅读教学重心是分析人物形象、梳理故事情节以及分析环境描写，而对于作者的情感抒发是很少涉及的。散文则相反，重在描述作者的情感体验。我们从《背影》的文体出发，仔细研究文本，发现以分析父亲或者“我”的人物形象为主要的教学内容，与此文教育设想以及作者的表达意图是风马牛不相及的。所以，教学《背影》要遵从散文的文体特点，需要与作者当时独特的人生经历和情思感悟联系起来，这样既展现了散文的共性，又不失《背影》这篇散文的个性。在教学调查中，发现有的教师将父亲的四次“背影”和“我”的四次流泪作为教学的主要内容，或者只是根据个人的阅读感受及人生阅历，甚至是生搬硬套网上的教学设计来定夺自己的教学内容，教学侧重点各异。《背影》以追忆父亲与“我”在浦口火车站离别，他悉心照料“我”上车、替“我”买橘子的情形为凭借，来呈现父子之间情感的流动过程：误解、隔阂、忏悔、感动。但父亲与这些情形仅仅是凭借，要理解其中的情感流动，必要时结合真实背景，理解作者的感情。因此，四次“背影”、四次“流泪”，不能简单地认为是教学的主要内容，需要将这些内容进行加工、整理、重组，选择能够真正与学生建立起联系的、同时符合课标要求的内容，作为教学内容。

如果模糊文体特征，忽略散文体式，就容易影响散文文本的解读，从而造成教学内容的选择出现偏差。

（二）文本解读追求标准化

新课程改革强调，学生是课堂的主体，教师是主导。语文课堂要充分发挥学生的能动作用，要让学生的思维动起来。应该说，随着基础教育改革的推进，中学语文课堂中学生主体地位不断得到尊重。但同时我们也要看到，在部分学校部分老师的课堂上，教学改革的理念还存在“两张皮”现象。他们已经具有把语文课堂的主体交给学生的思想意识，但同时受传统教学观念的影响，对学生总是不放心，力求课堂做到面面俱到，习惯性地设置答案。另外，教育发达的地区与欠发达地区、城镇与农村，在对新课程理念的认识和接受上也存在较大的差异，所以可以看到，有的学校课程改革搞得轰轰烈烈，有的只是套了一件马甲而已，依旧唯分数而论成败，对于文本的解读追求一个标准、唯一答案。现代散文的阅读教学仍是以考试为指挥棒，对教学内容的选择缺乏自身的思考，不做深层的探究。在访谈中，有的教师就说，课改其实对自己影响不大，基本还是按照传统教学模式开展语文教学，只有上公开课、优质课、评比课时刻意表现出一些新课改的样子。在这种传统的教学模式中，经常可以看到教师的“标准化解读”，教师的这种习惯性思维最难以改变，对学生的影响也很大。

在教学观摩的过程中，看到一个老师在教学《散步》，学生都学得很认真，关于文章中心，一个学生在语文书上写下了这样一段话：“文章以‘我’作为人物中心，通过一家人在散步过程中产生分歧这件事，展示了一家四口，祖孙三代之间互敬互爱、互相包容的关系，体现了中华民族的传统美德，尊老爱幼，其乐融融，其间渗透了肩负重任的使命感。”学生谈到这是老师要求记下的笔记，至于“中年人对于生活的高度使命感”是什么、如何体现的，学生则一问三不知。当然，在现代散文教学实践中，也不乏直接根据课文练习来解读文本的教师，练习题的答案是标准化的，学生记下的对文本的解读也都是标准化的答案，这就如一个外科医生做手术，把一篇篇精美的现代散文肢解得支离破碎。在这样的教学中，学生最认真的时候往往是老师讲解标准答案的时候。长此以往，学生的学习兴趣就会荡然无存，现代散文的美自然也体会不到，当然，教学的有效性也难以得到保障。

阅读是个性化的行为，“一千个读者眼中有一千个哈姆雷特”，即使是同样一篇散文，让不同的人去读，也会读出不一样的意思，而且即使是同一个人在其不同的人生阶段也会读出不一样的意思。比如，阅读《背影》，不同的人自有不同的情感体验，就是同一个人，在少年、青年、中年及老年时期来阅读，肯定会产生对“父亲”的不同情感体验。在现代散文的阅读鉴赏中，如果一味去追求老师给的“标准答案”，学生的鉴赏能力就会受到限制。唯老师是从，教师的认识又来源于教参，学生要服从标准答案，这样的教学方式定会影响学生思辨能力与创新能力的形成。即使是面对经典的现代散文作品，在传承和讲解久经考验的解释时，也要留给学生一定的思维空间，而并非只要整齐划一的标准答案。现代散文本就是一种十分自由灵活的文体，内容表现丰富，反映社会生活复杂，主题立意多元。所以只有努力发现不同、敢于表达不同，才能达到“欣赏文学作品，有自己的情感体验，初步领悟作品的内涵，从中获得对自然、社会、人生的有益启示”① 的语文课程目标。

（三）文本被淡化与泛化

现代散文阅读教学要警惕文本解读的标准化，但同时也要注意文本解读不能漫无边际，致使文本被淡化和文本的泛化。新标准倡导建构开放而有活力的语文课程体系，加强与其他课程、与生活的联系，拓宽学生学习语文的范围，开阔视野，提升语文知识、理解能力的深度与广度。教师要能积极开发语文课程资源，能对教材进行必要的加工，从而实现语文课程内容、语文课程实施等根本性的变革。在当前的现代散文教学过程中，也存在这样的一种现象，即无论教学哪篇课文都要进行拓展，将拓展当成一种时髦，似乎不拓展、不迁移就不算真正意义上的灵活运用教材。增加文本的容量，对学生进行能力拓展训练本是好事，但如果拓展训练天马行空，花里胡哨，脱离文本，那就是舍本逐末，对学生的学习是一种负担。

在进行现代散文阅读教学时，不着边际的拓展不可取，对文本解读的放任自流同样不可取。文本解读放任自流，实质就是泛化了文本。传统的散文阅读观念，多是教师话语主导型的，它常淹没了学生的主体性、个性差异以及代替了学生自己独特的阅读感受，极

① 中华人民共和国教育部制定：《义务教育语文课程标准（2011 版）》，北京师范大学出版社 2012 年版，第 15 页。

其容易导致对本来是一个丰富意蕴的文本的单调解读，还会影响学生独立思考能力的培养。然而，新课标是很重视学生们的个性化阅读的，其指出："要珍视学生独特的体验、感受和理解"[①]。现代散文的阅读教学，应该是学生和文本对话交流，建构出新的文本意义的过程，它并不是一个被动接受或者纯粹背诵和记忆文本的过程。由于知识经验、生活经历、思维习惯的不同，对于文本的认识也会产生相应的差异，就会形成对文本的多元解读。多元解读可以激活学生的思维，使学生感受学习的快乐，有利于形成批判思维、创新能力。当然，我们也要警惕多元解读走入误区，如将"多元"等同于"不同"，或认为"出奇"即为"创造"，因此一些教师过于放任学生，对学生的观点"宽容"无度，任由学生跟着感觉走，也容易造成文本的阐释过于泛化，忽略了"多元"的合理性前提。

（四）过分强调人文性

"工具性与人文性的统一，是语文课程的基本特点"[②]。《义务教育语文课程标准（2011版）》在确定语文学科的工具性的同时，也肯定了语文学科的人文性特点。对语文学科性质的认识，由单一的工具性走向工具性和人文性的并存，显示出了语文课程所具有的时代气息、人文素质、价值观念、社会理念。工具性和人文性是不可偏离的。然而，传统的语文教学观念只是强调其工具性，仅仅是注重学生基本知识和技能的传授，而对学生的主观体验、人文关怀有所忽略，慢慢使学生失去了语文学习的欲望和乐趣。伴随新的语文课程标准实施、基础教育改革的推行，人文性越来越凸显，语文课程具有深厚的人文内涵，这一点毋庸置疑，但也不可矫枉过正，以致走向另一极端：片面地夸大了文本的人文性，对于所有的文本都要求谈其内在思想。一切以人文为统帅，对作品的人文性无限拔高，不剖析微言大义似乎就没完成教学目标。比如，有的老师认为《安塞腰鼓》既有独特的文学价值，也承载了更为重要的科学意义。王荣生教授对此现象进行了评说："《安塞腰鼓》怎么还承载更重要的科学意义了？什么科学意义？它是如何承载的？"[③]"《安塞腰鼓》与《时间最美的坟墓》的最主要的区别，就是它的'背后'没有东西。《安塞腰鼓》的所有一切，都在前台，都在它的言语中，作者所要表达的思想都用他的言词表达了出来，呈现在读者面前。"[④]可见，在散文教学的阅读实践中，学生连选文中基本的字词含义都还没掌握，教师就让其去穿越文字，探究其背后的思想内涵，对于学生来说，是一种学习负担，也是无法达到的，更没有抓住本质的问题，不能实现人文性与工具性的统一。所以我们要具体问题具体分析，并非所有的现代散文作品，都要上升到人生境界、在

① 中华人民共和国教育部制定：《义务教育语文课程标准（2011版）》，北京师范大学出版社2012年版，第22页。

② 中华人民共和国教育部制定：《义务教育语文课程标准（2011版）》，北京师范大学出版社2012年版，第1-2页。

③ 王荣生：《语文教育研究大系·中学教学卷》，上海教育出版社2007年版，第179页。

④ 王荣生：《语文教育研究大系·中学教学卷》，上海教育出版社2007年版，第179页。

思想高度上大讲特讲。

三、中学现代散文阅读教学内容存在问题的原因

语文阅读教学一直都存在阅读量太少、阅读速度慢、阅读效率差、阅读时间过于浪费等情况。我们在考察散文阅读课堂时发现，这四点问题在当今散文阅读教学中虽有一定程度的改观，但不得不承认，当前的散文阅读教学依旧存在着“少”“慢”“差”“费”的现象，依然没能走出种种误区。是什么导致了散文阅读教学的效果不理想、造成散文阅读教学内容选择偏颇，散文教学当今依旧处于尴尬的局面？

（一）散文文体意识的欠缺导致教学内容选择出现偏差

所谓文体意识，是主体（这里的主体主要指向教师，其次是学生）对某一特定文体的材料、主题、语言、结构、创作风格、写作技巧及意蕴表达等表现形式规范的自觉理解。从文学理论发展的历史，我们明显感受到，现代散文相较于其他文类，比较难以把握，它的文体特点决定了教学散文的困难，散文文体意识的欠缺导致教学困境难以突破，影响了教学内容的选择和教学效果的提升。现代散文是中学阶段的主导文类，是教学的一大难题。散文教学面临的核心问题是“教什么”比“怎么教”更重要，教学内容要在确定的选文中利用选文明确“教什么”“学什么”的问题。合理正确地选择教学内容是达成有效课堂“一课一得”教学理念的首要特质，进而最大限度发挥教学价值。然而，文体意识的缺失成了教学内容的选择出现偏差的“罪魁祸首”，其责任不能全部指向教师，我们更应该看到文体意识薄弱、散文教学难的深层原因。加之，现代散文教学的困难如流水一般难以抓得住，不仅教师难教，学生也难学。

第一，解读现代散文对学生审美能力要求较高。

现代散文含蓄优美，尤其是入选中学语文课本的散文佳品，学生要能体会其中的美，没有较高的审美能力难以领悟。说到散文，常会想起“形散而神不散”这句话。所谓“形散”，是说散文之创作形式的灵活、无拘无束，作者兴之所至、挥毫成就，至于怎样开头、怎样结尾，如何展开叙述与议论全在作者的意愿，但通篇来看，往往都有一个明确的主题。而“神不散”，即读者读了一篇散文，既要有明确感受，还要能展开联想，体会意境。当一个作家在创作一篇散文的时候，他通常不是直接言说自己的思想，其思想是通过自己观察和描绘的事物显现出来的，此时情景交融、主客一致，从而营造出一个深邃而丰盈的文学意境。这种情思是含蓄的、意境是难以探测的，而这也正是散文的魅力之所在。学生在学习散文的过程中，需要展开丰富的联想，需要借助于语言由外到里理解文本，这对学生和教师的审美能力都提出了更高的要求。

第二，散文真挚的情感需要学生生活的历练与积累。

散文蕴含丰富的情感，这些情感来源于真实的生活，是作家生活感想的载体。作者笔下的人、事、景、物，无不是作家情感的寄托，这种情感是真挚的、深邃的。当读者在阅读的时候，或者说中学生在学习的时候，需要与作者产生思想的共鸣，才能体味作品的美。而这种共鸣建立在相同或相似的生活经历基础上，对于中学生来说是很难的，以致他们难以产生类似的情感体验，很难发生情感的共鸣，所以导致他们难以理解作品的内容。中学语文教材中入选的中国现代散文作品，像鲁迅、郁达夫等人的生活经历较之现今的学生的生活经历是比较远的，学生要能理解这些名家作品中蕴含的情感，是有难度的。就拿鲁迅的《从百草园到三味书屋》来说，如果学生没有对童年趣事的深刻记忆，是很难感受作者所写的生活的；如果缺乏类似的经历，就很可能难以与作者产生情感共鸣。所以在散文教学的时候，即使教师使用再多的话语技巧作为引导，学生体悟情感时还是会打折扣。因此，这对教师的教学能力也是极大的考验。

第三，散文睿智的哲理需要学生思维的高度。

散文常常蕴含深刻的哲理，这对于中学生来讲是一个很大的考验，他们很年轻，生活阅历少，很难企及作者思维的高度。散文之“神”，既是一种情感抒写，也是一种思想表达。在一篇好的散文中，无时无刻不透露着作者对于人生的哲思，在此饱含作者对人生与社会的睿智的理解和探究，引导学生探索更为深广的社会与人生境界，而这需要学生锻炼出很强的领悟力。

中学现代散文阅读教学，要培养中学生对现代散文内涵的理解能力，对人生和情感的领悟能力。然而理解人生和领悟情感的能力，并非一朝一夕所能成就的，它是需要经过长久的训练才能达成的，而如果缺乏散文文体意识，不能“辨体”而教，不能对中学生很好地引导，散文的育人功能也就落了空。

（二）中学生的自身特点也使散文变得难学

散文具有广阔的内容含量，诸如人生、自然、社会可谓无所不包。然而中学生处于人生的初级阶段，他们普遍对生活、对人生的理解不够深刻，而这也直接影响到他们对于现代散文的学习与体会。

受社会环境的影响，部分中学生学习心理变得浮躁，他们在享用电子计算机、手机等带来的便利的同时，也对电子设备产生依赖，更喜欢用图像视频等比较直观的方式接触实际的生活。但是这些现成的事物很容易影响学生想象力的培育，同时速度和节奏的日益加快也使得学生普遍表现出浮躁的状态和心绪，难以静心认真品读散文佳作，理解不到作品优美的情感，无法体味其中的哲思。更可怕的是网络的普及为一部分爱偷懒的学生打开了方便之门，他们懒得思考，认为头脑动一动不如手指动一动，因此遇到问题不愿思考，直接抄袭网络上的答案草草了事。

此外，一些外部原因导致中学生的课外阅读时间骤减，而社会普遍浮躁的风气也使得他们更加功利化了。而语文的学习需要长期坚持，短时间内出不了效果。学习散文只有经过长期的语文学习、持续积累，才能循序渐进地提升理解力、感悟力。然而，社会竞争日益激烈，各种兴趣班或辅导班挤压了学生所有的课余时间，没有自由支配的时间，当然也就没空读书，这极大地影响了他们学习现代散文。而且应试教育只重分数、忽视能力，认为上培训班就是为了在考试中比别人考得更高。久而久之，中学生的学习态度越来越功利，多读书不如多做题，有读书的时间还不如刷题。哪知不读书，理解能力得不到提升，做再多题也是徒劳的。

（三）教师专业素养的局限

中学语文现代散文课堂存在的诸多问题，也与教师有着较大的关系。部分中学语文教师由于自身专业水平的限制，在散文教学上常常会在新旧更替中难以抉择、难以判定。他们既受到了传统的教学模式根深蒂固的影响，同时又在实施新课程改革的过程中对某些教学理念无法准确把握。

一般教师受到传统教学模式的影响是很大的，而现今很多中学语文教师，在他们的学生时代接受的是传统的语文教学模式，这种教育教学模式对他们影响很大，自己在教学时会受到传统教育的影响，对散文文本的教学依然采用标准化解读、程式化的方法。而且，由于应试教育的影响，部分教师明知传统教学的弊端很多，但是无力改变。新课改以来，虽有教师意识到了需要改变现状，但由于自身专业素养的局限，出现了对语文课程新理念的误读。新标准对语文课程的性质、目标以及语文教学的实施等都提出了具体的要求及建议，但由于没能对其进行深入的理解研究，“穿新鞋走老路”，使一些所谓的学习和创新最终只能浮在表层或是流于形式。对于新课标多元化的要求，有的教师理解得很教条化，以为每堂课都要有人文内涵与人文精神。不管所教文章的特点，想方设法挖掘人文内涵，因此，出现了《安塞腰鼓》教学探究其科学意义的现象。

（四）语文教学评价制度的弊端

教学评价是依据教学目标，对教学的过程、结果进行价值判断，并为教学决策服务的。教学评价要研究教师的“教”及学生的“学”，它包含了对教师的教学评估和对学生学习效果的评价。

教学评价问题争议较大，最严重的是评价的形式化。当我们仔细研究各个学校的教学评价指标时，会发现指标体系十分完备，每项指标也有固定的要求。比如，教学进度的安排合理、教学目标明确、课堂提问精练、多媒体运用恰当等。然而，继续深究就会发现，一些观摩课、优质课的很多环节就是为迎合评价体系设计的，学生真正获得了多少的知识与能力往往被忽视了。课堂教学的目的在于服务学生，课堂设计也必须围绕学情进行，这些设计是否符合学生的需要？如果不是，教师、学生不过是完成了一次表演而已，于教师和学生都没有任何意义，那就没能实现教育的真正目的。

同时，由于还受应试教育评价的影响，许多学生、家长、学校及教师将眼睛仅仅盯在分数上，学校和家长以分数作为唯一的评价标准，从而引导教学走向了功利化，导致学生整天只顾刷题，教师只想着怎样把书本上的知识一股脑地灌输给学生，让学生记住标准答案以参加考试。而且学生们也乐于接受这种教育方式。因为它简易好操作，这种唯分数至上的评价体制，导致很多语文教师将精力用于思考如何提高学生语文分数上，忽略了语文教学特别是散文教学对学生的审美能力、创造能力及想象能力的培育。考试是教学的指挥棒，影响着教师日常教学的方向，考试的答案倾向于标准化，教师为了学生成绩的简单增加，必然喜欢给予标准答案。其实教师们可能也明白如此方式的弊端和危害，但在“分数”面前，依然习惯和屈服于传统的教学模式，对散文文本进行标准化的解读。其实，语文学科与其他学科有着极大的不同，语文更加强调开放性、形象性，散文更是如此，它还更注重情感性与非理性，如果一味采用理性的评价标准来衡量散文的教学，将会极大地影响到散文教学的成效。

现代散文是别具特点的文类，是有情思的、有意蕴的、有哲理的，现代散文阅读教学当然应是丰富的、多彩的、有生命力的。然而，中学现代散文阅读的教学却呈现出那么多问题，归根结底就是散文教学内容出现了问题，这种现状应引起我们的反思。走出现代散文教学的误区，重构中学现代散文的教学内容，激活课堂教学，提高教学效率，这对每一位教育工作者来说都是任重而道远的。

第四章　中学现代散文教学内容重构的基本依据

在各种不同的语文教材版本中，现代散文都占相当大的比重。[①]由此看来，在初中和高中的语文教学中，对现代散文教学的研究是语文教师无论如何也绕不开且十分重要的。鉴于中学散文教学的现状并不尽如人意，那么我们语文教师应该如何教学现代散文，才能使学生完成中学阶段语文学习后提升相应的语文核心素养呢？笔者以为，要把教师自己设定好的、正确的教学过程落实到每一节课的现代散文教学中去，才有实现的可能。而在实施具体教学之前，我们需要做好的是备课，首要准备就是要把教学计划做好。从这样一份写好的教学计划中，既可大致看出这堂课要教什么，也可大致预测出来这堂课的教学效果会如何。而在备课的基本步骤中，除了安排好教学步骤、设计合适的教学方法等重要项目之外，最重要的就是对教学内容的正确选择。王荣生教授指出，目前语文教学内容僵化，不管是什么课文都是那一套。[②]想要打破僵局，就必须对教学内容进行重构，使我们的现代散文教学科学化。

那么，对中学现代散文教学内容进行重构的基本依据是什么呢？笔者认为，这主要来自四方面：一是课程标准，二是文体理论，三是教材，四是学情。可以通过对课程标准的把握、散文文体的辨别、语文教材的有效凭借以及对学生学情的关注等，来进行中学现代散文教学内容的重构，使之清晰化。

一、把握“标准”：以课程标准厘清中学现代散文要“教什么”

我们知道课堂教学是师生双方互动式的平等沟通与平等对话，学生在教师引领下完成教学任务的活动。我们要完成中学现代散文教学的相关任务，使得学生在学习思考的过程中，充分完整地掌握现代散文的相关知识，提升自己的阅读和写作能力，因而要在选择语文教学内容的时候，必须考虑清楚一些前提，也就是教学内容应以语文内容为主要方面，还要把握诸如隐藏内容和明示内容，预设内容与生成内容，基础内容和附加内容等的复杂

① 贺卫东：《中学语文教材研究与教学设计》，陕西师范大学出版总社有限公司 2011 年版，第 92 页。

② 王荣生：《阅读教学教什么》，华东师范大学出版社 2016 年版，第 55 页。

关系[①]。毋庸置疑，我们要想处理好这些问题，就得从科学的课程层面把握语文教育教学的理念，依据语文课程标准，找到现代散文教学内容的“定篇”及“语文知识”等。

（一）语文课程性质与基本理念对中学现代散文教学内容的指引

1. 语文课程性质的指引

《普通高中语文课程标准（2017 年版 2020 年修订）》（以下简称修订版新课标）是 2017 年语文新课程标准出版以后的修订版。修订之后的课程任务要求教师必须更加注意培养学生既全面又个性的发展，同时能够为其终身发展奠定一定的基础。培养目标也有了变化，这一变化是：“进一步提升学生的综合素质，着力发展学生的核心素养，培育学生的理想信念和社会责任感，具有科学文化素养和终身学习的能力，具有自主发展能力和沟通合作能力”[②]。而语文课程性质仍是：“一门学习祖国语言文字运用的综合性、实践性课程”[③]。在这“变与不变”之中，我们可以看出，进行中学现代散文教学时，我们依然要做到的是学生在散文学习中要学会综合运用祖国语言文字，还要促进与鼓励学生进行散文学习的实践，把学习到的散文知识内容以及散文语言运用到生活中去，并且还能从散文教学中汲取人文精神的养分，树立自己的理想，从学习中坚定自己人生的信念，提升与人沟通的能力，在散文佳作中学会欣赏，由此培养学生自身的核心素养。

2. 基本理念的定位

修订版的语文新课标一共有四条基本理念：“坚持立德树人，增强文化自信，充分发挥语文课程的育人功能；以核心素养为本，推进语文课程深层次的改革；加强实践性，促进学生语文学习方式的转变；注重时代性，构建开放、多样、有序的语文课程”[④]。在高中语文必修课程和选修课程的现代散文教学具体学习中，我们对学生学习的定位应该要考虑到：通过育人功能促使学生文化自信、基于核心素养的培养去学习、改变语文学习方式，让语文更能为学生所用，同时在课程中应该突出时代特性以及自由、多样、开放、有序等特点。因此，中学语文现代散文教学给我们提供了一个总方向，使我们的教学更加有范围、更加清晰。这样看来，现代散文教学目标，不管是高中语文教材必修课中的“阅读与鉴赏”板块，还是选修课五个系列中的“诗歌与散文”板块，都可以从中找到相应的目标指导。

在散文教学内容的精神方面，不仅要让学生能够对美好生活无比热爱，同时还要在潜

---

① 王国华：《普通高中课程标准实验教科书（苏教版）现代散文的教学实践与探究》，华东师范大学 2009 年硕士学位论文，第 29 页。

② 中华人民共和国教育部：《普通高中语文课程标准（2017 年版 2020 年修订）》，人民教育出版社 2020 年版，第 1 页。

③ 中华人民共和国教育部：《普通高中语文课程标准（2017 年版 2020 年修订）》，人民教育出版社 2020 年版，第 1 页。

④ 中华人民共和国教育部：《普通高中语文课程标准（2017 年版 2020 年修订）》，人民教育出版社 2020 年版，第 2 页。

移默化中让学生感受奋发向上的人生态度，慢慢拥有自己的思想理念、行为准则，增强为中华民族伟大复兴而努力的历史使命感和社会责任感。除了继承和弘扬中华优秀传统文化外，语文核心素养的养成也是教学内容的重点，这与本次教育改革前相比有了方向性的转变。随着社会和教育事业的发展，语文课程开始强调以核心素养为本。除了传授散文知识技能外，我们更加需要重视散文课程教学中的隐性价值，而且还要关注中学语文散文课程在社会的不断向前发展中，需要被赋予的一些新内涵和新变化；借助于改革，让学生通过自己的亲身经历、亲自体验等各种启示性、陶冶性的语文学习活动去更好地理解并且明白散文的教学内容，从而让学生自己的各个方面要素综合并且内化为一体，为了适应现代社会的需求，形成良好的思想品质、精神面貌和行为方式。

在中学散文教学过程中，还要多找机会，在实践中培养学生的语言文字运用能力。我们应该充分利用在生活中与学习中使用祖国语言文字的资源和实践机会，也应该着力增强学生多学多用语文的意识，能够积极有效地利用一些宝贵的信息和资源，通过诸如阅读和欣赏、交流与表达、梳理并探究等的语文实践活动，来积累和丰富自己的言语经验，从而努力地把握住语言文字应用的规律和方法，有效促进语文能力的提升，并能够在学习语言文字的过程中实现自己的价值观的形成、知识储备的提升[①]。中学散文教学还要注意每一位学生对语文教育的不同期待，学习内容要合适，学习方式要改变，从而使得每一个学生都获得必备的语文素养；在散文教学的过程中，帮助学生认识自己语文学习现有的基础，和自己学习散文所要达到的目标，让学生把对散文的学习兴趣和潜能培养起来；在跨文化、跨媒介的语文实践中开阔自己的视野，从宽广的选择空间里，把自己的语文特长和个性发展起来。相对稳定的结构和富有弹性的实施机制是现代散文所需要的。散文难懂也难教，教师自身的水平也需要提高，教师自己要挖掘出自身的特长，要有开发散文课程资源的主动性。有选择地、有创造性地实施课程教学，还要将散文教学与信息时代的新特点相结合，新技术、新手段也要积极利用到教学中。将一个开放、多样、有序的散文课堂建立起来，使学生通过散文学习发展提升自身的语文素养。

（二）语文核心素养与现代散文教学

如何培育语文核心素养的问题，已经引发了一系列的讨论和热议，新课程标准的主要内容也都是围绕学科核心素养展开的。然而，什么是语文核心素养呢？在语文核心素养的要求下，我们又该如何确定中学散文的教学内容呢？又该怎样通过中学语文散文教学来培养学生的语文核心素养呢？这就必须弄清楚语文核心素养的含义以及语文核心素养与中学现代散文的关系。

---

① 中华人民共和国教育部：《普通高中语文课程标准（2017 年版 2020 年修订）》，人民教育出版社 2020 年版，第 2 页。

1. 语文核心素养的含义

“语文核心素养”最早是在2001年颁布的《语文课程标准》中提出的。然而，对于语文核心素养的理解却一直没有一个准确的说法。由于以往的语文课程标准在表述上不是特别容易让人明白，致使语文核心素养难以理解、揣摩不透。事实上，夏丏尊先生在他41岁时，语文教育思想就已经很成熟了，在他许多发表的文章及出版的著作中也多次阐明了“语文素养观”。他提出的通过国文教学一个理想的学生大致应该是，能够通过阅读别人的表述文字进而理解其情感，还能够以文字来展现自己的思想；可以阅读甚至创作一些古代的诗文体裁；对于外国的作家、著作有一定程度上的了解；最好还要能够将其所学的语文知识付诸实际生活之中。[①] 可见，夏丏尊的“语文素养观”，就集中体现在对“理想中的中学生”的描绘。可以看出，那个时候语文核心素养的大致内容，夏丏尊给出了自己的定义。这样的定义对于我们理解语文核心素养也有着重要的参考价值和现实意义。

2. 对语文核心素养的理解

修订版的新课标里，关于语文核心素养的含义有明确的表述，学科育人价值在其中体现明显。学生经过对语文学科的学习，渐渐形成了正确价值观、必备品格和关键能力。学生在积极的语言实践活动中积累与构建起自身的语文核心素养，包括语言能力与思维方法及价值观念，要是还能够在真实的语言运用情境里自觉或者不自觉地展现出来，将是成功的。从上面看来，语文核心素养是语文学科育人价值的体现，让学生正确的价值观得到极大的培养，同时语言文字运用也是语文核心素养基础的扎实保障。对于语文核心素养我们还可以从词源学角度来理解，“素养”偏重于后天养成，《辞海》的解释为“经常修习培养”；《现代汉语词典》的解释为“平日的修养”。除了修订版课标中所提的需要培养和提升的要素，我们还要注意在教学当中进行日常的教学以及让学生养成习惯，这样才能达到语文滋养人成长的作用，才能做到完善其人格，以促进其发展。

根据以上对核心素养的分析，笔者认为，语文核心素养是指中学生完成了整个中学学业后自身所学得的语言文字应用能力以及个人人格及精神世界的完善与独立，在中学学习的过程中是一个不间断的、积累的过程，最后达到成熟、稳定的心理状态。通过之前我们对中学语文教材散文篇目分布及内容的分析，可以看出散文在中学教学中可算是重中之重，根据散文的特点，散文教学的确有促进学生语文核心素养发展的良好作用，但是语文核心素养为中学现代散文确定了什么样的方向，中学现代散文对语文核心素养的养成又起到了什么样的作用呢?

对于修订版新课标中关于语文教学所提出的四点要求，我们分别试做如下解读分析：

第一，“语言建构与运用”。在丰富多彩的中学现代散文教学学习中，学生经过自己积极主动地、有意识地积累语言文字基础知识、散文文体知识、散学写作方法，同时通过

① 夏丏尊：《夏丏尊教育名篇》，教育科学出版社2007年版，第96-117页。

梳理和整合，在散文教学中掌握祖国语言文字特点及其运用规律，而且通过相关散文教学训练形成自身独有的言语经验，这就要求教师要创设好适合学生学习散文语言的情境。学生能正确有效地运用从散文教学中积累起来的语言文字学去进行日常交流沟通。

第二，“思维发展与提升”。它在中学散文教学中体现为，我们教学时要注意到学生怎样才能更好地获得诸如形象思维、直觉思维、辩证思维和创造思维逻辑的发展。如何使其思维品质得到深刻性、敏捷性、灵活性、批判性和独创性等的提升，使其语言能力随之得到质的改变。

第三，“审美鉴赏与创造”。我们的中学现代散文中有许多优美的名篇佳作，如《散步》《荷塘月色》《故都的秋》等。学生通过对这些名篇佳作的学习，自身可以拥有一种美的体验。养成正确的审美意识和健康向上的审美情趣以及较高的鉴赏品位，从而能够欣赏和学习作家那种表现美、创造美的方法。

第四，“文化传承与理解”。通过语文学习，学生能够自觉地传承和弘扬中华优秀的传统文化。同时，学生还能够充分、客观地去理解和借鉴不同的国家、地区和民族丰富多彩、思想各异的文化场景，由此拓宽视野，打破思维拘囿，真正地从生活点滴处做到爱国。

由此可见，语文学科核心素养提出来的这四个方面相互之间连起来是一个整体。作为人类的交流工具和思维工具的语言，在生活发展中扮演着极为重要的角色，而且语言的发展与思维的发展是紧密联系在一起的。语言文字承载着文化，同时又是文化的一部分，所以在学习语言文字的时候同样也了解了人类文化。语言文字作品作为人类的审美对象，是极为重要的，学生的审美能力和审美品质发展在学校的语文作品教学中会得到很大提升。

3. 中学现代散文教学内容对语文核心素养所起的作用

语文核心素养为中学现代散文教学内容确定了方向，在教学过程中不再模式化教学，学生无感式学习。当然，中学现代散文教学内容有一个确定的过程，也同时对学生语文核心素养的培养有所促进。

第一，我们要让学生有作者意识[①]。要使学生有所触动、有所体验，他们能够通过对文字的理解、想象进行自我体验和感受。与“这个”作者进行情感链接，想象作者建构出来的散文情景，品味散文中语言文字运用的魅力，从而形成学生和作者之间的对话关系，由此进行思维的训练与语言的学习。教材中挑选的都是优秀的现代散文，这些散文都凝聚了作者思维劳作的成果以及自我真情的表达。中学语文现代散文所写的内容与生活联系十分密切，学生在学习过程中能够读懂作者、能够意识到自我思想的存在。树立学生的作者意识，不仅是必要的教学内容，也是学生培养语文核心素养的一个好途径。

---

① 顾浩《现代散文教学与中学生语文素养的养成》，首都师范大学2011年硕士学位论文，第21-22页。

第二，尊重学生的独特感受。[①] 学生通过生活中的体验和感受，再到课堂上与散文构造的世界进行再次加工，会慢慢感受到自己是一个独立且独特的个体，自己就会开始对世界产生自我的建构、加工以及理解。产生自我表达的欲望和冲动，刚好散文文体不需要过于精美的语言修饰和精巧的结构组合，反而是用最纯真、最朴实的语言来直抒胸臆。这样对学生语言意识品质的养成最为关键。[②] 这样，学生就可以在中学现代散文的学习过程中不断充实和提升自己的语文素养，这样的成长不仅意味着学生拥有了学习能力，同时也拥有了面对真实生活的能力。他们可以通过散文作品映照现实世界，最后做出自己的选择和行动。这对处于人生发展重要阶段的孩子们来说无疑是具有重要意义的。

（三）中学语文现代散文教学的学段目标与课程目标

中学现代散文教学目标在初中和高中呈现方式和要达到的目标水平是不同的。中学语文现代散文教学目标是在总目标的框架下，按照各学段学生特点以及他们通过学习所要达到的“最近发展区”[③] 来设置的。义务教育阶段是分了总目标和学段目标来设置的，而高中仅设立了总的课程目标。下面以义务教育语文课程标准为例，分析初中学段语文现代散文教学的内容。

义务教育阶段总目标大致为：“1. 培养爱国主义情感。2. 学习文化知识。3. 掌握语文学习方法。4. 发展各项能力。5. 在实践中学习、运用语文。6. 学会汉语。7. 独立阅读。8. 能表述自己的意思。9. 有口语交际能力。10. 会用语文工具书。”[④] 通过研读这十条要求，我们可以发现，课标要求在语文学习中，首先注重的是学生精神世界的塑造，在阅读教学过程中获得自己的情感体验，形成自己独有的情感态度价值观。明确提出初步鉴赏文学作品、阅读总量要达到多少，这就要求我们在选取教学内容时，要注重选择让学生情感能够达到共鸣的或者产生怀疑的、贴近生活的内容，让学生能够从自己拥有的经验中找到与教育内容的链接点进行自我的加工、建构，同时再加上教师的引导，学生对教学内容的理解就更加透彻，更愿意去实践运用。这样一来，学生对教学内容产生兴趣以后，对中学现代散文的喜爱度也会增加，自主阅读就自然地产生了。与此同时，就培养起了学生的阅读习惯，从而扩大了他们的阅读量。

我们从七年级到九年级学段的目标能够更加清晰地看到，在这一学段，中学散文教学

① 顾浩：《现代散文教学与中学生语文素养的养成》，首都师范大学 2011 年硕士学位论文，第 21—22 页。

② 顾浩：《现代散文教学与中学生语文素养的养成》，首都师范大学 2011 年硕士学位论文，第 21—22 页。

③ 张大均：《教育心理学》，人民教育出版社 2004 年版，第 83 页。

④ 中华人民共和国教育部：《普通高中语文课程标准（2017 年版 2020 年修订）》，人民教育出版社 2020 年版，第 6—7 页。

内容的选取，要紧扣《义务教育语文课程标准（2011 年版）》中的学段目标[①]。笔者发现，我们在七年级到九年级的教学过程中，除了注重培养学生的精神观，以及学会语言文字的运用外，还应该在中学语文现代散文教学内容中注意培养学生的学习习惯。七年级到九年级正是学生成长的重要阶段，在这一时期把学习习惯培养好，对之后的高中学段的学习无疑会起到巨大的促进作用。同时，也为其终身学习打下良好的基础。这一学段目标中还提及了学生自己收集学习资料，利用各种途径进行学习。中学语文现代散文的挑选虽然贴近生活，能够启发学生的思考，但学生在阅读过程中还是会有难以领会的地方，以及遇到一些字词句不认识。因此，在教学过程中鼓励学生利用各种工具进行搜索、拓展阅读面的同时，也要让他们学会利用工具、善用工具。

新课标就是我们教学的一个风向标，中学语文现代散文阅读在语文新课标的指引下，把“什么都能教给学生”变为有目的、有计划的实施，以符合学生学习规律，有针对性地在学生最重要的学习阶段为其发展打下良好的基础。

二、辨明“文体”：以文体理论确定中学现代散文教学内容的边界

辨明文体，也即“辨体”。具体到中学语文选篇，就是要明白文章的体式与风格。“辨体”教学法要求教师要培养“文体有别，教法各异”的教学意识，要学会根据不同文体，选择不同的教学内容和教学方法，较为准确地向学生传达文本。不同的文体有不同的读法，不同的读法又决定不同的教学内容。在散文教学中，说起散文的特点，经常会用一句话总结——“形散神不散”。刘勰在《文心雕龙》的《总述》篇中对散文有这样的定义：“今之常言，有文有笔，以为无韵者笔也，有韵者文也。”[②]所谓“笔”，就是指韵文以外的一切记叙性和议论性文体，这些文体，即散文。中国现代散文与小说、戏剧、诗歌相比，是最早具有文体的自觉与成熟现象的文体。而且“散文文体的自觉，意味着散文家不但要自觉去建构散文的体质和语体，还要表现出散文的风格和形成，这在很大程度上是现代散文文体成熟的标志”[③]。根据表达方式不同，散文可以分成叙事散文、抒情散文、议论散文三类。而不同的文体就有着不同的教学内容的选择。

（一）记叙性散文

记叙性散文主要是为了记人、叙事、状物、写景，有的侧重记写人物形象的刻画，把

---

① 中华人民共和国教育部：《普通高中语文课程标准（2017 年版 2020 年修订）》，人民教育出版社 2020 年版，第 15—16 页。

② 刘勰：《文心雕龙》，中华书局 2019 年版，第 288 页。

③ 陈剑晖：《论现代散文的文体选择与创造》，《文学评论》2007 年第 5 期。

人物当作全篇的中心来写。叙事散文，侧重描写具体的事物、场景。这类散文叙事完整，人物形象鲜明，读后令人印象深刻。当然，文章不是单纯客观地描述事物，而是将情感与事物融为一体抒发作者的思想情感。

从这类散文侧重点的不一样，还能把它分成记事散文和写人散文。偏重于记事的散文，是把事件发展作为线索，侧重对一件或者几件事进行叙述。它可以是一个很完整的故事，如汪曾祺的《昆明的雨》；也可以将故事剪辑成几个片段，如鲁迅的《从百草园到三味书屋》。与偏重于记人的散文不同，也有全篇主要的重心在描写人物上的。把人物的性格特征进行简单的描写勾勒，重在把人物的基本气质、性格和精神面貌表现出来，如杨绛的《老王》、朱德的《回忆我的母亲》等。

（二）抒情性散文

抒情性散文是指着重抒发作者感情的散文篇章，是借助于事物描写或情景构设表达作家对生活的感受。抒情散文必须是有感而发，而不是无病呻吟，不会像许多学生一样为了完成作业应付老师胡编乱写出来一些文字。这样的“情”也是有来源有据可循的，即是作者把自己所熟悉的人物、事件或有所感的景物当作了文章描写的对象，作者对这些进行自己的记叙或描写，运用相应的写作技巧达到托物言志、融情于物、情景交融的目的。例如，《紫藤萝瀑布》《大雁飞来》等，作者在这类散文创作的时候，把具体的“事与物”用自己的话语进行表达，从而呈现出自己的思想领悟，以抒发自己的真情实感。抒发情感是所有散文共同拥有的文章特点，但是比起其他类型的散文，抒情散文的情感我们能够体会得更加强烈，感受到的想象更加多彩，语言品味起来更具有诗意。抒情散文主要使用象征、比兴、拟人等描写手法，对外在事物进行恰当的描写传递出作者的情思。所以当我们学习或者书写这类散文时，借景抒情和托物言志就是理解这类散文最常用也最适用的手法。托物言志式散文，也叫象征性散文，作者把自己的情感融进了某一个特别有代表性的具体事物中，借助于联想的方式把作者自己的情感表达出来。如杨朔书写的许多散文、贾平凹的《一棵小桃树》。借景抒情类散文，则是把作者的经验情感凝练于景物里面，赋予景物以生命之感。从表面上看是在描写景物，探究一番明白是作者情感的抒发，从而做到了情景交融、情景相生，比如，梁衡的《壶口瀑布》、刘白羽的《日出》等。

（三）议论性散文

议论性散文是用于发挥见解和说明事理的一种散文样式。通常是借助于具体事例的呈现，形象的描绘来完成感情的抒发。从议论散文的具体形态上讲，它主要包括议论文、杂文、演讲稿等。文学性很强的随笔和杂感等这类较为短小精悍的文章，都是此类范畴里的。作者基本上是通过将一些古往今来的故事或是鸟语花虫等具体事物放入文章里，说明他想要表达的道理，通过逻辑推理、分析事理，从而使文章显得生趣盎然，而且文章富于感情。文章的观点要很明确，有理有据，逻辑推理要具备严密论证的特点，关键是要以理服人。它和抒情散文一样对于情感的抒发有侧重，可不一样的地方在于议论散文更重视理论的阐述，抒情散文的重点放在了情感的抒发中。议论散文主要是用事实和逻辑来说明道理，但是抒情散文需要用文学形象来进行说明。它塑造出了生动的形象，同时也有缜密的逻辑，做到以情动人的同时又要用道理说服人，做到熔情、理、物于一炉，把政论和文艺融合为一体。比如，鲁迅写作的大量杂文，严文井的《永久的生命》、罗素的《为什么活着》等。

三、用好“例子”：依托教材确定中学现代散文教学内容

现代意义上所谓的“教科书”或“课本”之称名，是我国近代教育史上才出现的名词[①]，我国古代并没有真正意义上的教科书作为语文教材，比如，《三字经》《百家姓》《千字文》等全是专门提供古代孩童学习练字用的，故事性较强的是《幼学琼林》《龙文鞭影》等。古时候的教学完全是由“先生”说了算的，而教材也多是由老师选定的，所以学生的自主权与存在感几乎被彻底忽视了，同时帮助学生学习的工具也被一同漠视了。

到目前为止，关于教材的定义，虽然五花八门，但是许多教师仍然仅限于课本这一内容，贺卫东则在其《中学语文教材研究与教学设计》一文中明确指出：语文教材的内涵包括狭义、中义和广义三个层面。他所谓的狭义的语文教材就是课堂教学过程中所用的教科书，而广义的语文教材则包括所有的能对师生语文能力提升产生足够积极的影响的资源[②]。由此可见，语文教材确实是促进学生语文学习的重要工具，是语文教育的主要凭借和根本中介。至于其他的学习资料，只能是在深入学习教科书内容的过程中或学完后的一个辅助工具，绝不能侵占了教科书的主体地位。也就是说，要实现课堂师生的交流，老师和学生手里共同拥有的教材就成了师与生之间紧密联系的纽带，同时也应该准确细致地把教科书与教辅书结合起来使用作为参考的最后一部分。这样一来，学生老师平等观就有了体现，学生的主体性也不会被忽视，而教师在确定教学内容时必然要利用好语文教材来促进学生语文学习。但是中学语文现代散文教学中，现实情况是许多教师依旧漠视手中教材、忽略文本，从而出现了“两个向外跑”或是“走到……之外”[③]，或是拿着教材以及教师用书、教辅书将散文拆得七零八落的一些现象。据实而言，教师手握教科书，就应该发挥好它的中介作用，用好教材这个“例子”。笔者以为，可以参考以下两个方面加以实施。

---

① 李杏保，顾黄初：《中国现代语文教育史》，四川教育出版社 1997 年版，第 39 页。

② 贺卫东：《中学语文教材研究与教学设计》，陕西师范大学出版总社有限公司 2011 年版，第 1 页。

③ 王荣生：《中小学散文教学的问题及对策》，《课程・教材・教法》2011 年第 9 期。

（一）依据助读系统确定中学现代散文教学内容

1. 利用助读系统，精准定位散文教学内容

（1）助读系统的定义

众所周知，语文助读系统有利于教学的实施，帮助教师确定教学内容，帮助学生对课文的内容进行理解，促进学生的自主学习。什么是“助读系统”呢？让人比较困惑的是对于助读系统的定义，目前还没有一个完全统一的说法，或者说是权威性的定论。张中原、徐林祥认为，助读系统一般包括注释类、提示类、评点类、目标类、图像类[①]。除了上述几个种类以外，还应该增加练习类，因为我们的教材中在每一课后面留有课后习题、口语交际等练习类作业，这也是一个必须认真对待的重要的助读系统之一。由此可见，在助读系统的帮助下，即使中学现代散文课文中包含了许多繁杂的学习内容，只要我们的教师和学生仔细品味分析，都能够精准定位本篇课文要学习的知识在哪些地方，牢牢抓住学习的重点，就不会在各种知识点中漫无目的地游离。下面我们就用较为常见的提示类助读系统以及课后习题来进行具体分析，准确定位到一篇课文所要教学的内容。

（2）对提示类助读系统的分析

提示类助读系统有三个部分：单元提示、预习提示、助读提示。人教版高中语文教材中则只出现了单元提示，比如，我们在学习人教版语文必修 5 第三单元时，单元提示直接为我们定位好了文体：“这个单元学习文艺评论和随笔”[②]。这就是要有意识地增加学生对于文艺评论和随笔文体的认识，从而避免了“将所有散文教成一类散文”[③]的现象。一单元重点内容，就是要组织学生探讨文章的艺术表现的语言形式，就文章中的美学现象能够有自己的想法和看法，在这样的探讨学习中，学生的文艺创作和文艺鉴赏的能力也会有所提升。我们知道，文艺评论和随笔读起来并不像《故都的秋》《荷塘月色》类抒情散文，师生都很容易和快速地进入文章，所以教师一定要做好引导，调动起学生的阅读经验，与文章中的评论进行比较，还要比照着这样的文章写法，从而让学生自己也尝试着去分析和论说，因为这样也是提升学生的审美品位和增强文艺评论能力的重要途径之一。由此可见，单元提示帮助我们聚焦了问题，即在整个单元中，我们要教什么，学生可以学什么，这样就从文体、基础知识以及要提升的技能等方面都做好了准备，也就能够使教师确定了中学语文现代散文教学的内容，从而更加有的放矢，不再只是盲目地跟着感觉走。

（3）对练习类助读系统的分析

课后习题既可以帮助教师找准这一课散文教学学生要提升的地方，同时也能帮助教师和学生自己去检测教学目标是否完成。我们常说教学目标既是起点也是终点，因此，老师

① 张中原，徐林祥：《语文课程与教学论新编》，江苏教育出版社 2014 年版，第 84 页。
② 普通高中课程标准实验教科书《语文》必修 5，人民教育出版社 2006 年版，第 39 页。
③ 王荣生：《散文教学内容确定的基本路径》，《中学语文教学》2011 年第 1 期。

根据课后习题制定的教学目标，就能更好地看清本课的教学目标是否达成。人教版语文教材中有“研讨与练习”，而在部编版教材中同样也设置了“思考探究”“积累拓展”部分。比如，《荷塘月色》这篇课文在文章结束后紧接着就是“研讨与练习”，编者为本课设置了三道题，原文较长，限于篇幅，兹不列示，有兴趣的朋友可以查看[①]，本书只是分析问题。三道题的题量并不太多，比较适合高中生的基本能力。我们也不难发现，三道题中既有情感体验类题目的设置，又要求掌握散文的描写手法，同时还要求学生能够品味散文，最后又通过拓展再讨论的形式对散文鉴赏能力有所要求。那么《荷塘月色》内容的确定，就可以从让学生能够体验美感到描写手法的学习，从而提升中学生的鉴赏能力。

2. 部编版中学语文现代散文助读系统的改变

初中语文部编版助学系统与人教版语文教材出现了许多不同的地方。可以看到，人教版语文教材更侧重于语文课程的人文性，每篇课文的思想内容都是需要老师重视的地方，而贯彻新课标理念下的部编版教材将人文性与工具性做了统一，并将二者放在了同样的位置。相比于人教版语文教材而言，部编版教材助读系统的目标更明确了。比如，课后的语法知识“补白”，包含的知识体量更多了，以语言介绍让人能够直接明了地去学习语法知识等。针对教读课文和自读课文，又设置了预习（教读课文）与阅读提示（自读课文）两类助读提示语，提示两种课文的不同教法，体现出编者想要改变教学中容易混乱“精读”和“略读”的教学现象。还有，诗歌单元注释把下面的脚注改成了旁注，这个改变让人觉得很舒适，减轻了学生不停从上至下去看脚注的麻烦，也让学生用眼方便，读书更快捷了，方便了学生的学习。教材增加了一些人物画像和随文插图，并都采用的是高清画质，插图的清晰度也变高了，学生更容易看清楚图像要表达的内容。此外，插图放置和课文是完全能够对应上的，配图和文章契合度增加了许多，这些改变都能够让学生对文本的理解更明白。还有关注“补白”，也是为了让教师教学更方便。

（二）课文是教学内容确定的基础

在中学语文教学中，由本论文的统计可以看出，现代散文篇幅占比大，解决好了散文教学问题，同时也就是解决了语文阅读教学的一个主要问题。王荣生教授就曾指出：散文阅读教学，要建立学生与这一篇课文的链接。[②]在阅读教学中，所谓的“课文”是指一篇篇优秀的文学作品，由文字与作者的情谊和他构建的精神世界组成，不管是老师还是学生，所面对的不再只是知识点的运用和操作，而更多的是要在阅读中去感受、受熏陶。这样的中学散文教学的内容，就不再是一个教学材料，而是师与生要面对的人与物双方共同建构的学习对象。这样就要求我们学会与文本对话，不仅要读出我们自身的见解，还要搭建起

① 普通高中课程标准实验教科书《语文》必修 2，人民教育出版社 2006 年版，第 5—6 页。

② 王荣生：《中小学散文教学的问题及对策》，《课程・教材・教法》2011 年第 9 期。

与作者的对话以及解读编者的意图。

1. 师生与作者的对话

（1）从语文教师角度，进行教师“素”读

我们现代许多教师由于手中教学资料比较多，参考教材顺手就能拿出来翻阅，总是非常迫切地希望把要教学的文章解读出来，却恰恰忽视了自己与文章之间是需要建构联系的。在过去教学大纲的年代，我们强调的是“教教材”，吃透教材。这是一种典型的“忠实取向”的课程观念。在今天教材中的选文却已经大大地恢复了它自身的价值和存在的意义。从“教材研读”到“文本解读”的视角转换，其实是一种文本解读观和教学观的转变，其根本是语文教育育人观的转变引起的。用“解读”取代“分析”，强调的是作品阅读活动的开放、多元，注重作品的历史性、现实性、个性等。那么，什么是文本呢？其蕴含着这样的意义，即作家的创造物，它是一种“自由开放系统”，文本的意义有待读者去理解分析挖掘。可见，教师要学会拿开手中的辅导用书，进行“素读”，让自己与文本进行真实的对话，获得自己的真切感受，体验真实的情感，拥有自己的价值判断。罗晓辉、郭阳丽指出，通过素读获取的核心判断和捕获的基本特征构成了语文教学的主要方面，在素读过程中遭遇的障碍，则是教学过程中必须注意搜集和予以解决的难点，素读获得的是对文本最原始、最真实的阅读感受，是引导学生进入文本的关键途径①。

（2）给予学生充分的阅读空间，让学生与课文产生真实的链接

散文教学需要建立起学生与课文的知识链接，还要建立学生与作者之人生经验的链接②。不管是教还是学，最终的落脚点在学生身上，那么尊重学生主体性从哪里来？首先，就要落实好学生与课文之间产生的真实链接，让学生在阅读散文中体会自己感受到的情感。学生自身是有文本解读能力的，此能力主要由四点构成：①生活表现积累；②思想与文化积累；③语言能力水平；④阅读策略的运用。放心大胆地让学生自己去读，去感受：《背影》中作者表达的父爱表现在几个方面？《散步》中的和睦家庭体现在哪里？让他们先做出本就符合他们自己现有水平的阅读理解，这才能够在课堂上通过教师的指引完成教学目标，如果在教师教之前，学生就已经明白了，那么还需要老师教吗？文字就是思想③，学生运用自己已有的经验与作者的独有人生经验进行对话交流，学生只有进入文本，才能感受到作者所传达出来的细腻的、丰富的人生。而作者的人生经验，在他的创作过程中已经融合进去了，作者的言语表达，以及独特的语句章法呈现的，是更为复杂的，细致入微能感触到的，情感所至的。散文让人回味的，阅读散文打动人心的，是其细腻以及丰富的表达。所以教师一定要留有足够的时间和空间让学生与文本对话，去体味并创造出自己的解

---

① 罗晓辉，郭阳丽：《文本解读及其成果的教学转化》，《教育科学论坛》2019 年第 1 辑。

② 王荣生：《中小学散文教学的问题及对策》，《课程·教材·教法》2011 年第 9 期。

③ 朱自清：《朱自清选集》第三卷，人民文学出版社 2004 年版，第 343-345 页。

读，才能够感受到文章情绪间细微的变化和细致入微的描写。

2. 做好教学规划，理解编者意图

所谓理解编者意图，就要尝试与编者进行对话。从教材的编排系统中去理解编者自己的思想意图。语文教材的编者不仅是一群学术研究的专家学者，也是一群很有语文教育经验的教师。所以教师应该与编者进行对话，如果缺失了这一方面的对话，教师与文本的对话就可能跑偏，学生与编者的对话就不知道该从何下手。事实往往就是我们教师连课文都容易忽视，对教材编写意图的揣摩就更不用说了。王国华在苏教版普通高中实验教科书现代散文课文情况的学生问卷中针对老师也做了调查，其中设置了两道问题："你按照教材要求的学习样式教学了吗？""你对教材中现代散文教学情况了解如何？"[①]两个问题的答案都让人惊讶，同时也在意料之中。

在解读文本时，教师必须找出编者"隐藏"在书中的教学内容、教学目标以及教学策略，选择适合学生的方法组织教学，以完成教学目标。冯海英说："语文教材中的选文，我们的编者对原文进行了有目的的精心修饰和改编，只能算是作者的'二次语言'"[②]。教师在阅读文本和设计教学时，需要仔细揣摩教科书选编的这个作品。为什么非得是这一篇，而不用相近的另一篇呢？教师既要自己用心去理解作者的写作用心，同时也要理解编者把这篇文章安排在这里的原因。教师只有在课前下功夫去理解编者的想法，尝试通过教材和编者对话，才能有效解读课文的精要之处。只有知道课文在选材中的定位，才能走向教材的深层面，设计出适宜的教学内容。教师进行教学设计时，要有宏观把握，要从整套教材来看这篇课文的位置，我们要明白这篇课文是在整套教材的何处，在整册教材的何处、整个单元的何处。要思考编者这样编排课文有何用意，为什么这一篇所处的位置就在这里。

就如人教版必修 2 开篇是散文单元，而这一本教材后面的单元是先秦到南北朝的诗歌，接着是古代山水游记类散文、演讲词，这样一罗列开来，不难看出，教材的编者是个有心人，在第一单元学习了抒情性散文后进入唯美的诗歌单元就能更好领会那三千年前的浪漫意味，这样一来我们在第一单元教学的时候就要注意学生情感体验的学习，对文字情感的揣摩。回到这本教材中的中学语文现代散文单元，安排的是三篇课文，即《荷塘月色》《故都的秋》《囚绿记》，这三篇从前到后的设置有所调动，我们的教学目标也会发生相应的变化。例如，同样是抒情散文的三篇，我们在教学《荷塘月色》中学会了对事物通感的描写，进入了一种审美高度，学会了那"月光如流水一般，静静地泻在这一片叶子和花上"中的"泻"字动词的表达效果。那么，我们在学习《故都的秋》时，对作者写景状物有声有色，有动有静的描写手法，以及作者表现的"悲凉"体味就能够很快上手，在上一课是

---

① 王国华：《普通高中课程标准实验教科书（苏教版）现代散文的教学实践与探究》，华东师范大学 2009 年硕士学位论文，第 24—25 页。

② 冯海英：《中学语文教学内容确立的依据》，《教学与管理》2019 年第 5 期。

学习技能，在这一课就可以说是技能的迁移。到了第三篇《囚绿记》被标上了星号，这个时候教师就可以考虑是否这篇课文这个时候用在我们的教读之中，会对学生更有用，还是在老师带领下的自学，会对学生的提高更好。

又如部编版初中教材七年级上册，第二单元就能立刻对比出不一样的地方。这个单元的课文一共有四篇，即《秋天的怀念》《散步》《散文诗二首》《世说新语》，虽然文体不同，但却有一个共同的主体：亲情。从不同的角度带着七年级的小朋友开始感受和理解亲情。同时这里我们也会发现，虽然文体上有不同，但是也有相同的地方，那就是散文的形式，即利用散文的形式表达亲情是最容易、也是情感最深刻的方式，可以以此方式去跟小朋友进行教学。而且我们可以看到，这些文章的编排是从散文过渡到诗的，这样学生在体会和理解全文内容，以及感受作者思想感情的时候，就可以借助之前课文学习的经验去慢慢体会，从而形成一种从易到难的学习方式，而不是故意拔高导致学生无法掌握。

可以看得出来这些种种，每一环都是编者精心设计的，这是给我们确定中学语文现代散文内容留下的“礼物”，让教师在教学过程中不再盲目追寻。这也同时降低了教师的备课难度，我们要从微观上把握一篇文章的内容，还要从宏观上加以分析。只有将小学到高中的课文编排，一一贯彻执行下去，才能精准把握散文教学的内容。因此，中学语文散文教学内容的确定，从教材编排上，也需要教师多用心体会、理解和分析。

总而言之，中学语文教学内容的确定，是教学过程中最为关键的一步，当然也是教师为之困惑和难以解决的地方，也还是现在语文教育界理论和实践聚焦的核心问题。对于“语文教学内容的确定”这一问题的有效解决，需要寻找出科学依据来建构符合教学实际的教学内容和目标。同时，也需要中学语文教师把此当作使命和责任去实行。还有要揣摩编者的用心，领会编者的意图，才能创造学生与文本的链接，培养教师素读的能力，挖掘教材的育人功能，以实现语文课程的育人目标。

四、关注“学情”：因材施教调适中学现代散文教学内容

文体意识的培养不仅仅是教师的学习任务，更应该是学生不可或缺的学习内容，教师应该根据不同篇目有意识地向学生讲授相应的散文文体知识，进行散文文体知识的启蒙。经过教师反复地讲解与训练，促使学生获得系统的散文文体基础知识，能够区分不同类型的散文，结合散文文体的特点独立阅读和写作，以提高文学素养。学生的“学情”是他们进行散文学习的出发点。我们要重视学生在阅读与学习中的主体地位[①]，时刻能够站在学生的角度思考问题，设身处地为学生着想。我们知道，现代散文教学必须是教师和学生共

① 朱绍禹：《中学语文课程与教学论》，高等教育出版社 2005 年版，第 154—155 页。

同对文本意义进行解读、创造、加工的过程。因为“文本只有经过读者的阅读和回应，它的潜在意义和内在经验才能变成鲜活的、现实的实体。读者在阅读中并不是被动的、消极的，而是能动的、积极的，这是一种创造的力量，是文本意义积极的生成”[①]。伽达默尔也曾说过：“不涉及接受者，文学的概念根本就不存在。”[②]由此可见，在中学语文的散文教学过程中，必须高度重视学生的“学情”，而不能只是急于求成地寻求一些所谓的教学方法，将课堂展现得看似热闹非凡，实际上如果抛开了学生的学习成长而谈教学，那么所做的一切都将是无用功。陶行知先生早就指出过：“教的法子要根据学的法子”，也就是说，选择散文的教学内容，必须充分考虑学生的学习情况，这才是真正的“因材施教”。所以我们这里所谓的“学情”，就不仅仅包括学生在学习文本之前，自身的知识储备及其所拥有的学习技能，而且还应该包括不同的学生具有的相同点与不同点，以及课程教学的反响，学生是否对于学习现代散文有了更大的兴趣等诸如此类的问题，这些都是教师需要提前了解到位的。

由此可见，了解学生的“学情”，能促进中学生文体期待感的提升，也是激发他们学习散文的兴趣的出发点之所在。然而，由于掌握学生“学情”的途径较为多样，学生的“学情”也比较复杂，所以本书主要是从学生的心理特点、发展规律与散文教学内容确定的关系，以及学生在散文学习中存在的一些问题等方面来论述的。

（一）学生的身心与中学现代散文教学内容确定的关系

1. 教学内容要符合学生的心理特点

众所周知，学生的心理特点既有共性也有个性，这些异同可以作为我们确定教学内容的一些参考。青春期的初中生一般的心理表征为较强的自尊心，热衷模仿，丰富的情感和情绪波动较大，容易产生叛逆等心理特点。所以教师应该关注并从学生的心理状态入手，进而通过“窥探”他们的心理活动来抓住学生的兴趣点进行教学。比如，由于青春期的学生“多愁善感”，心思细腻，善于发现、观察和欣赏美丽的事物，所以我们在《紫藤萝瀑布》的教学中，就可以先抓住学生们对紫藤萝花所形成的瀑布般的美丽景象的喜爱，以此来引导学生们去反复阅读文本，从而展开丰富的想象，进而由此提升他们阅读现代散文的兴趣。

还有，中学生正是形成自己正确的世界观、人生观、价值观的时期，当然也爱“标新立异”，总是善于表现和突出自己，所以像在《白杨礼赞》的教学中，我们就可以先让几个学生（至少应有两个男生，两个女生），进行对比和“竞赛”模仿标准的课文录音，并有感情地朗读全篇课文或是某个章节，进而由此能够更深入地体会到白杨树的那种坚毅精神，以此激发学生们的学习兴趣，以培养他们正确的世界观、人生观和价值观。

这样做的原因是，中学生已有了一定的知识储备和理解能力，所以教师此时就不能仅

① 杨大春：《文本世界》，中国社会科学出版社 2005 年版。

② 伽达默尔著，王才勇译：《真理与方法》，辽宁出版社 1987 年版。

仅只是停留在教会学生知道“是什么”的层面，必须让学生明白这是“为什么”。这样的话，学生既能深入理解所教的课文，又能锻炼学生各方面的能力，从而对培育学生健全的人格和人文修养都是有益的。

2. 教学内容要符合学生发展的需求

中学散文教学内容的确定还在于，教师一定要了解中学生的实际需要是什么，这样才能在教学内容的设定上满足他们的需求。随时随地，教师要在心里揣着学生，为学生而思，为学生而想，时刻考虑到他们在接受知识的过程中可能出现的一些情况。出于这样的考虑，学生需求乃是教师设计教学内容的出发点，而学生收获如何则是评价本次教学内容和质量的重要标准。所以我们不仅需要提高学生相关的现代散文知识，同时正如课程标准所关注的，学生应该自主地去发展和提升各方面的能力，如审美情趣、价值情操、言语智慧等。人与人是不同的，学生当然也是不一样的，所以教师应该多多观察、善于发现、因材施教，从而发展学生的言语能力，陶冶学生的心灵，培育学生的语文素养，才有实施的方向和努力的目标。

（二）关注学生在现代散文学习中存在的一些问题

1. 学生对现代散文学习的兴趣不高

众所周知，现代散文具有题材广泛、文字洗练、情感丰富、语言优美、风格多样等一系列的文体特征，所以作为初中或者高中阶段的学生们，面对拥有这些特点的现代散文时，应该是很喜欢的。然而，在我们实际的教学情境中，我们发现中学生对现代散文的学习兴趣并不高。有鉴于此，王国华先生曾经做了一个调查问卷，考查学生阅读苏教版普通高中实验教科书中的现代散文课文情况，从他的调查中，我们得知，教科书中的这些散文“都看过的占 22%，部分看过的占 75%，没看过的占 3%”①。笔者以为，学生们之所以对现代散文学习的兴趣不是很高，其原因主要有以下几个方面②。

首先，一些教师僵化的现代散文教学模式，逐渐破坏了散文本身所具有的丰富美感。许多教师自己在解读文本时，仅仅以升学考试为主导方向，在现当代散文教学时多以模式化的语言进行分析理解，由此忽视了学生自身产生的丰富的审美感受，导致学生并不能够将其对于语言、思想、艺术魅力的分析放大或者共享，使得学生想象的能力和审美的能力都无法得以提升③。比如，在教学朱自清先生的《荷塘月色》时，教师都会先让学生阅读课文与文本进行接触，在这样读的过程中，大多数学生自己去理解和领会都会为作者所描

① 王国华：《普通高中课程标准实验教科书（苏教版）现代散文的教学实践与探究》，华东师范大学 2009 年硕士学位论文，第 22 页。

② 胡正仙：《新人教版高中语文教材中现代散文教学研究》，东北师范大学 2013 年硕士学位论文，第 15—16 页。

① 吴海燕：《高中散文教学现状及教学对策》，内蒙古师范大学 2011 年硕士学位论文，第 10—11 页。

写的月下荷塘的美妙景象感叹。可是，学生们自己才刚刚展开想象，才感受到一点儿荷塘月色带来的片刻的恬静与朦胧诗意，许多老师却在此时，为了自己的教学进度或者是自己原有的教学安排，直接粗暴地中断了学生们美的想象和美的感受。马上转向去开始介绍一些如文章的创作背景或者是作者生平之类，或者又绕回把课文从开头重新读一遍，就如经常会被教师提问的问题是：作者为什么会“心里颇不宁静”？问题本身是没有问题的，只是问题放在这个时候十分不合时宜。这类教师的做法，硬生生地将学生从本来沉浸在自己阅读获得的美感中抽离出来，因而破坏了学生们的想象能力、审美能力以及感悟能力，所以学生们才会渐渐地觉得文本无味、课堂无味以至于不再愿意参与课堂，而且思考问题也逐渐成了负担，导致他们从此对学习现代散文也产生了厌恶感。

其次，由于学生的阅读时间被主要课程侵占，学生自学能力有所欠缺，理解能力不够等原因，学生独立自主地阅读现代散文的时间变得很少。然而，现代散文需要读者拥有充裕的时间进行沉浸式阅读，并能发挥出自己的创造力和想象力，进而去和散文的作者进行深入的对话交流，由此与散文作者创造出来的那个美丽世界相遇。但是，学生除了上课的时间会去主动阅读以外，并没有多余的时间进行广泛深入的阅读，这样一来，自我思考的机会就减少了，从而削弱了现代散文阅读体验感，无从体验现当代散文优美的语言、真挚的情感抒发、深刻的思想见解等几个方面。在现当代散文教学中，教师们为了完成自己的教学任务，频繁出现课堂匆匆、课下也匆匆的局面，比如，像《故都的秋》这样比较长的散文，其中的文采特质、神韵美感、艺术手法都是需要花费大量的时间和精力去细细品味、琢磨的。而学生只能在课堂有限的阅读时间内，在教师肢解式的讲解中，感受和理解课文，根本就没有与文本形成深层次的情感链接。他们在这样的学习过程中，必然难以树立自己的认知理念。因此，在个性化读解不断受到打击之中，学生逐渐消退了散文的阅读激情，只是关注标准答案，自己独立思考的主动性消减，学习现代散文的兴趣慢慢抹去。

还有，对于现代散文的学习方法，学生掌握的程度也是不够的，他们在对文章进行解读时容易产生较大的困难。这样的情况，会导致学生学习现代散文的兴趣高不起来，甚至会减退下去。从上文我们可知，散文之题材主要是抒情性散文、叙事性散文、议论性散文。这三种题材类型的散文，都是需要深入的逻辑思考，较为广泛的社会实践，比较特别的情感体验，细微深入的阅读方法的。因此，独自阅读一篇散文，对于中学生来说还是有一定难度的。众所周知，学生其实一开始都是抱着一个美好的愿望的，即希望能够好好学习并有所收获，可是在学习的过程中，他们会遇到各种困难，因此教师们应该及时有效地传授给学生必要的学习方法，从而提升学习兴趣。况且，散文学习的难度本来就大，学生找不到自己适用的学习方法，学习过程中成就感低，慢慢地就会丧失散文学习的兴趣。

2. 学生对现代散文缺乏个性化的解读

因为现代散文在中学语文教材中所占的比例较大，所以它在中学语文的教学中是不容忽视的一个重要环节，是学生在升学考试中必须应对的一种文体。在新语文课程标准中，我们也可以看到它要求学生必须注重个性化阅读，但是在实际的教学过程中，学生们面对散文阅读自己也缺乏个性化思考。笔者以为主要存在两方面的原因：

一方面，教师教学模式的教条化，学生升学考试压力的扩大化，大多都会迷信并沉溺于标准答案，从而使得学生丧失了独立思考的基本能力。例如，相当多的老师在解读《小狗包弟》这篇课文时，基本认定作家之所以写这篇散文，是在向受难的小狗致以歉意，并表达了一定的思念之情，而正是借动物在“文革”中所受到的不公和悲惨遭遇，解剖人性，反思人性之中善恶交织的复杂性。可以看到，这基本形成了老师教学、课程考试的标准答案，即使学生在初读时产生了一些不同的见解和想法，这样的标准答案的确定也会让学生开始自我怀疑，慢慢地不再进行深入思考与学习了，以免又做类似的无用功。

另一方面，教师缺乏良性的引导，本来教师拥有扎实的基础知识，拥有深刻的阅读体验，拥有多样的阅读方法，而且拥有丰富的生活阅历，应该引导学生、鼓励学生多多进行个性化的、原创性的阅读和思考甚至是写作。教师应该突破常规教学，而不能对之前的错误视而不见。教师如果不鼓励和引导学生进行“别具一格”“别出心裁”的个性解读，正如《小狗包弟》的解读仍旧单一化和固定化，就无法达到新课标所提出来的培养学生理解能力、创新能力的目的。

3. 大多数学生的现代散文阅读面过窄

我国现代散文的题材丰富，风格多彩，发展到现在为止出现了很多众所周知的优秀散文作品，它们在现代文学史上的地位颇为可观。虽然内容众多，但在新课程标准中准确地提出了学生阅读量应该达到的水平，这是学生在高中阶段必须达到的阅读量。但是，在实际的教学和学习中，学生学习时间非常紧张，各门科目都需要学生去平衡、学习，这样学生阅读现代散文的时间自然就缩短了，使得学生现代散文阅读面变得狭窄，别说课程标准所提到的课外阅读量，就连必修内容正常上课其实也会有相应程度上的挤压。例如，人教版高中语文课本关于《荷塘月色》这篇散文，还给予了相应的配套读本，即散文作品《荷塘清韵》。但是又有几个学生会去读这篇配套文章呢？有的是因为自己不愿花时间阅读学习教材的配套读本；有的是觉得读本没有课文重要，不想去读。更别说学生自己下去分析文章，体会《荷塘清韵》的韵味。或是教师在教学过程中注重了文本，忽略了配套阅读，没有进行这样的引导和推荐，导致学生不知道应该去挑选和阅读哪些现代散文，就算是拿到手也不知道怎么阅读才好。虽然新课标提出这样的要求，可是有一些教师只图便捷，直接推荐一些如鲁迅、郭沫若、茅盾、巴金、老舍、曹禺等现代文学名家之作让学生阅读，试问如此量大、庞杂的阅读量，教师自己又完成了吗！其实这样只是教师为了完成任务，减轻负担，而对于学生而言，却错过了一个阅读能力提高的机会。

当然，我们都明白：不积跬步，无以至千里。提升学生阅读、鉴赏和写作水平的最佳途径，就是进行广泛大量的作品阅读。学生在没有经过大量现代散文作品阅读的积累，没有去接触风格迥异、题材广泛的现代散文的情况下，他们该有的图示都没有产生，那么何谈学生产生丰富的审美体验，又何谈我们想要他们达到的阅读能力的提高呢？当然对于健全的人格的培养和丰富的精神世界的创造也会更加困难。拓展学生现代散文阅读面，为学生找时间读书，让学生主动读书都是教师需要去积极解决的问题。

第五章　中学现代散文教学内容的重构策略

关于语文教学方面的研究，借鉴一定的外部条件显然是必要的，也是必需的。但是从根本上讲，一切外围的研究都应该围绕着文本自身展开，深蕴应该从其自身挖掘，因为说到底，语文教学是我们民族文化的传承，它自有其特色和路径。[①]这也就是说，语文的研究要从里入手，探寻语文教学自身的特征，对于现代散文教学更是这样。散文不仅是一种个性化突出、美感强烈、意蕴深厚、富有情感的文体，而且呈现出了作者心灵感性和真实的一面，是作者内心最直接的表达，作者人格魅力也在文章中闪耀。因此，关于中学现代散文教学内容的重构策略研究可从以下几个方面探寻：首先，要从现代散文自身出发，在传统散文教学中学习我们可以参考的经验，深入解读文本，把握作者写作意图；其次，要注意到散文自身的整体结构，紧扣散文主要特点；同时，教师的主导作用要发挥出来，不能把课堂全部交给学生而忽略教师自身的重要性，运用合理的方式引导学生，使学生与文本联系起来，拥有属于学生自己特有的审美体验；当然，在中学现代散文阅读教学过程中，由于现代散文的文体特征，更应鼓励学生个性化的阅读，达到对中学生写作思维的训练，培养提升他们的写作能力；最后，我们要明白教学目的是完成现代散文教学的教学目标，全面提高学生的语文素养，使学生能够在散文鉴赏中得到人文精神的“浸润”。

一、深入解读，把握作者写作意图

现代散文把“真”与“美”结合起来，体现得淋漓尽致，与虚构的小说、戏剧等文体比较起来，现代散文讲究的是真情的表达，而不是对客观生活进行写实，文章内容是作者主观情感的展现，侧重抒写作者的真实感受和境遇，是一种美的诞生与存在。现代散文的文体功能极其广阔，既能够像诗歌一样尽情地抒情，也可以像小说似的对事件、人物等进行刻画摹写，还能够如论文一般闪烁精辟的思想光芒，更可以海阔天空甚至无所顾忌地漫谈。然而尽管它好像把所有文体囊括了，但是仍然保持着自己的特色。[②]这里所说的“艺术的感应”，就是散文真和美的有机结合。因此，需要教师和学生携手披文入情，通过与

① 肖建云：《百年语文教育低效原因探析》，《长江大学学报》2012 年第 1 期。

② 佘树森：《散文创作艺术》，北京大学出版社 1986 年版，第 63 页。

作者倾心对话、长谈，参透作者的写作意图，品味散文作品的个性美，共同体悟文本的思想情感之真与艺术形式之美。

（一）重视探讨现代散文的思想内容

一篇文质兼美的散文，思想内容是其灵魂的体现，有灵魂、有思想也正是语文课程培养学生人文素养之所在。所以阅读品析现代散文作品，一定要透过文本的言语形式，并将语言形式与言语内容结合起来，把握散文的思想内容，渗透人文精神教育，提高学生的语文素养，培养学生健全的人格。

1. 整体感知，把握思路线索

现代散文题材广泛，结构灵活，形式自由，“形散神聚”是其结构的主要特点。在中学语文课程中，现代散文篇目选入教材众多，读懂散文、教会散文是学生和教师需要解决的问题。而散文“形散神聚”的特性，在理解上不管是初中生还是高中生都会感到困惑，不知道文章到底要写什么、表达什么内容。在把握课文的“思路”上就会有困难，走进作者的情感世界则更是一头雾水。把握“思路”，其中作者的“思”是客观事物经过观察、理解、认识反映在作者头脑里的，形成了自己对此件事物的印象、看法、态度或者感情，并且此种印象、看法、态度或者感情是有头绪可寻的。[①] 这里的“思路”，是作者的所见所思引发的创作冲动。我们常说，生活是创作的源泉，只有对生活有细致的观察、深入的思考，才能积累创作的素材、引发创作的冲动，才能从头脑所存的素材中搜索到所要表达的主题，根据所见所思，巧妙布局，最后“冲动”成就美文。而对于教师和学生的阅读来说，过程却是相反的，教师和学生需要先了解选文作者的思路，循着思路阅读，才能与作者展开对话，了解其渗透在文章中的思想情感，并学习作者谋篇布局与遣词造句的高超能力，在这种学习与模仿中达到对美文的理解，在理解中得到美的享受，从而提升自己的阅读与写作能力。由此可见，阅读全文是寻找线索理清思路的重要手段，在文本中寻找是否有贯穿全文的字眼、词句，即常说的一篇课文的“文眼”。通常情况下，作者会将“文眼”安置在文章的开头或者结尾，它能体现文本的思路，在结构上起到承上启下的作用，在内容上有总结、突显作者情感变化的功能。

综上所述，从文本的整体考察出发，先是仔细阅读全文，进而领会全文主旨意蕴，抓住文章的主要线索，以理清文章思路，这可以说是整体感知散文思想内容的重要方法。

2. 分析写法，理解作者感情

《全日制义务教育语文课程标准（2011 年版）》指出：“在阅读教学中，为了帮助理解课文，可以引导学生随文学习必要的语文知识，但不能脱离语文运用的实际去进行‘系

① 张志公：《语文教学论集·怎样锻炼思路》，福建教育出版社 1981 年版，第 205 页。

统’的讲授和操练”[①]。虽然新课标正在慢慢削弱语法修辞的知识，不再要求集中、系统地进行教授，但按照传统的文学写作方式，语法修辞知识仍得到作家和读者的青睐，这种现象尤为突出地表现在一些讲究言语形式优美的散文作品中。在《普通高中语文课程标准（2017 年版 2020 年修订）》“阅读与鉴赏”板块中，也明确地提出应该在阅读散文、鉴赏散文的过程中，逐步了解和掌握诸如诗歌、散文、小说、戏剧四大体裁的文体特征以及所使用的艺术表现手法[②]。

一篇散文，如果作者是直接用白描的方式呈现，而文本没有情感的跌宕起伏、变化历程，那么读者就会很容易把握他的思想情感，丧失作品的文学性、审美价值和趣味。所以作者为了突出散文的主要写作对象的特点以及个人的思想感情，通常在创作过程中会采用多种手法，呈现出手法运用的灵活变通性、综合性较强等多样性的特点。因此，师生在细读文本时应该注意探讨、鉴别散文的表现形式，品味和赏析文章的写作特色。常见的表达技巧大致分为修辞手法、表达方式、表现手法、结构手法四类，结合文本来分析和鉴赏这些表现手法，有助于学生理解散文内容和作者的思想感情。例如，朱自清的散文《春》，需要引导学生重点关注几幅图：春草图、春花图、春雨图。作者在绘图时用了“偷偷”“让”“抚摸”等经典的词汇，引导学生体会这些经典词汇带来的修辞效果，以体味作者对春的期盼、春天来临时的欢欣鼓舞以及对春之美的赞颂。

由此可知，在散文教学的过程中，教师教授文章的表达技巧知识对学生而言是非常有用的。这种方式能够帮助学生理解文本，提高文学鉴赏能力，也可以更好地推进散文的教学。此外，学生通过学习作者的表达技巧，能够将其技巧运用到自己的写作中去。

3. 品味语言，提升思维品质

正如前文提到的那样，散文教学效果的提高，需要学生与作品之间产生情感链接。而产生感情共鸣的前提条件是被作者的语言文字所触动，现代散文震撼人心的方式就是通过这种对文字的理解，让学生不用特别调动自己的情感经历或体验就能感悟到，这样也是现代散文能够击中人心的原因所在。现代散文的语言具有平实美、韵律美、错综美等语言特点，这样的语言特点，就是在教学中要注意去品味的语言。叶圣陶说：“文艺鉴赏还得从透彻地了解语言文字入手。这件事很浅近，却是最根本的”[③]，这就很明确地表达了文学的鉴赏，首先应该从言语这个形式入手。语文教学包括言语形式和言语内容，语言文字是散文的组成形式，它是散文的本体，品味语言是散文教学必不可少的一个环节。

① 中华人民共和国教育部：《全日制义务教育语文课程标准（2011 年版）》，北京师范大学出版社 2012 年版，第 23 页。

② 中华人民共和国教育部：《普通高中语文课程标准（2017 年版 2020 年修订）》，人民教育出版社 2020 年版，第 4 页。

③ 叶圣陶著，中央教育科学研究所编：《叶圣陶语文教育论集》，教育科学出版社 1980 年版，第 266 页。

在散文教学中，需要引导学生去发现散文的语言美，这是教师不能忽略的一个环节。文章的遣词造句需要学生多加学习、玩味和感受，而在散文中对于语言的品味学生自己还无法独立完成。那么，教师就应该时刻引导学生从字里行间，从文本深处，带领学生去触摸、去捕捉、去感受精彩的段落。[①]在教学《荷塘月色》这篇现代散文名篇时，部分一线语文教师会特别依赖多媒体的使用，或者是受困于不知道怎么教学，如其把一段段的文字拆解成为一幅幅图片，学生当时虽然收获了视觉上的美感，之后却成了过眼云烟，没有脑海里的联想和想象，学生就没有办法体会到文章的语言的美，进入作者的内心世界也不太可能实现了。其实，朱自清先生在创作时，对文章语言的用语用词是非常在意和用心的，他很善于对周围的生活进行观察，事物的主要特征也能拿捏准确。使用的一组动词、叠词，以及比喻手法也能恰当地使用，一点儿一点儿推进，慢慢把读者的联想勾起来，刺激读者的感受。比如，他的一个“泻”字的使用，就能使人想象到月光如流水一样轻轻柔柔地流淌过荷花与荷叶，把静态的写动了起来。“浮”字的使用，使荷塘上青雾缭绕的朦胧美立马呈现出来。“挨”字的作用把荷叶密布于荷塘的情景凸显出来，让人觉得热闹非凡。而“田田”“亭亭”这样的遣词，把荷叶的茂盛和婀娜的姿态展现无遗。通过使用动词、叠词描绘事物，立马就体现出了作者的深厚文字功力，给学生们一种强烈的震撼力和感染力。推而广之，在进行现代散文选篇教学时，教师可以选篇中的精彩词汇、关键语句为抓手，引导学生细细品味，鼓励学生谈看法试点评。授人以鱼不如授之以渔，让他们学到赏析课文语言之美的方法。

（二）提高和强化教师的专业素养

众所周知，作为课堂教学中的引领者和组织者，教师是指引学生走进文本、领会文本内涵的嫁接人，在把握作者写作意图中起到了至关重要的作用。因此，教师自己要先投入其中，深入钻研透彻文本之后，方可带领学生在文本语言文字的海洋里，由浅入深、由表及里地走向文本的最深处，以感悟作者深邃的思想感情。然而，随着社会的快速发展和进步，社会风气极其浮躁，教育的功利性色彩浓厚，教师自身定位低，定力不够，甚至没有一点儿追求，这些因素都在无形地影响着语文教师的专业素养，在文本解读里，教师出现对文本片面解读、浅读、误读等恶劣情况，导致教学效果差甚至是误导学生，对学生是不负责任的行为。在此，呼吁所有教师本着对学生的认真负责，对语文教育事业的热爱，务必提高自己的专业素养，提升自身的文本解读能力。笔者以为，作为语文教师应该具备以下几点基本素养：

1. 博览群书，不拘泥于课本

语文教师应该拥有丰富渊博的知识储备以及较为完善的知识体系。然而要想拥有渊博

① 程红兵：《新语文课程论》，上海三联书店 2008 年版，第 81 页。

的知识，唯有博览群书、深入思考，而不是拘泥于课本教参。阅读是语文教师的根，只有根扎得实，才能使教学活泛、使课堂鲜活。阅读必须是作为语文老师的基础项，语文教师的精神伴侣——书一定不可以缺席。语文教师的个人阅读可以立足于语文学科的构成要素，要从语言到文字，到文学，再到文化，然后再到生活和社会等广阔的领域去拓展开来。从书籍中得到滋养，“语文学习的外延等于生活的外延”，进而才能使得自己的思想变得通达、眼界更加开阔。在阅读过程中，培养自己的解读语言奥秘的能力，奠定欣赏、运用语言的功底，增强自己欣赏言语、品味语言、熟练地驾驭语言文字的能力。在解读文本时，作家们文章中潜藏的动人情感和深邃思想才能体会一二。对于人生和生命的思考，全身心去体验生命的让人动容之处，使得自我心灵得到精华和升华，厚积而薄发，让自己成为知识长河中的一泓活水。只有自己爱上语文，才能让自己的学生爱上阅读、爱上语文的教育，并沉浸在语文教育的海洋里，享受知识海洋带来的愉悦。

2. 独立阅读，不迷信教参

当今社会崇尚自由、个性、创新的时代精神与价值诉求，在语文教学中，要求教师和学生对未经阅读过的文学作品加以个性化的读解。作为一种极具个性化的文本解读，尤其是对于文学作品，由于其意义的模糊性，有较多留白，而读者的生活经历、知识水平、理解能力等存在差异，不同的人对同一作品的解读会产生不同的见解。教参亦是如此，它代表的是教参编者的理解，在教师解困有困惑时，可以作为参考对象，但并非唯一的权威解读。因此，教师一定要养成独立阅读的习惯，不唯资料、不唯教参，起始于教师的裸眼素读，能用一种平静的心态接触文本，用心灵与作者对话，倾听作者的叙述，在此基础上再查阅有关文献资料，逐步走进作者的情感世界，由此和作者产生思想交流和情感共鸣，在不断的思考和体悟的过程中，逐渐形成具有个性的解读，这样的情感体验对散文教学才有意义。

3. 课堂教学，不忽略反思

语文教师的成长是一个螺旋式的上升过程，需要在教学中不断探索、实践、反思。美国心理学家波斯纳认为教师的成长，是按照“经验 + 反思 = 成长”的公式进行的。反思是语文教师发展的基础，是否对所教学过的教学行为进行思考，很大程度上决定了教师未来职业生涯的走向。教师的自我反思有助于专业素养的提升。因此，教学反思是要作为教学的一部分的。就算是平时繁忙的教学工作完成后，也要把写教学反思、教育教学随笔、教学日记放在末尾项，作为最后的教学工作，同时也是对自己教学成长的一种记录。这恰恰也是教师反思自己对于文本解读的能力的好机会，通过教学实施的反馈，能够知道自己在文本解读中没有把握好的地方。例如，是否存在误读、是否存在没有考虑学生角度的解读，而太过成人化。这些在课堂中都能直观地反映出来，任课老师若是能静下心来看到这样的宝贵反馈，再加以改进，那么教师自己的阅读能力也会快速提升，从而又促进教学。

（三）通过对话挖掘现代散文的精神矿藏

现代散文教学过程是一个师生、生生和生师之间复调的、多重的对话过程，可以说在整个教学过程中，对话起着极为重要的作用，而且贯穿始终。然而，作为日常生活交际中的常见现象，对话的含义是什么呢？对话应该是一种平等的、诚挚的交流，对话双方处在一个相互作用的思维情境之中，借由对话能够形成共识，并且达至一个新的思想境界[①]。由此可见，散文教学的对话确实是一种精神层面的交流对话，这种对话乃是建立在教师、学生与文本之间必须保持平等、真诚、合作的关系之上的，也建立在“情”的基础之上，由此进行问与答、肯定与补充、同情与反对的思想碰撞与深入交流。

1. 师本对话，散文教学的前提条件

现代散文是一种语言典雅、明丽、规范的文学体裁，其中能够选入教材的都是极具个人语言风格的经典篇目，其经典性主要体现在文本的遣词造句、文章布局等方面。就此而言，教师带领学生对散文语言的品味与推敲，是教学中非常重要的环节，而课前教师与文本的正确对话，更是直接影响该环节之效果的关键因素。文本是一座读者与作者沟通的桥梁，只有走过这座桥，二人才会碰面，读者才会参悟和了解作者的心情状态。教师备课、进行设计教学时，一定要认真细致研读文本，思考文字后的深层含义，教学过程实施中正确引导学生在特殊语境中认真探讨作者的遣词造句，由此寻找“这一篇”散文的特有的意义。例如，《故都的秋》这篇课文说秋蝉是“养”在家里的家虫，作者采用“养”这个字需要去用心推敲：“养”包含了养育、奉养、供养、蓄养的意思，主观色彩浓厚，放在课文里面说明的是秋蝉多，在北京这个地方很普遍，这蝉儿的鸣叫声也就成了北平秋天的一个特色。其实，把理解做到这里是完全不够的，要是把全文的感情氛围结合起来分析“养”字，那蕴含在北国人们心中的平和与惬意的生活态度也随之呈现出来了，其实郁达夫喜爱和向往的故都秋天生活也就是这样的美丽。所以，这个“养”字承载着郁达夫自己的气质品性，还有生活态度。这样一来，通过这种对文字的品味和考究的方式才明白现代散文文本的解读是那么不容易，对于文本的研读才有了这样无穷的乐趣，能够给思维正在构建的学生带去非常欢喜的体验。

部分语文教师在教学现代散文时，没有东西可讲，很大程度上是因为没有认识到教学散文要抓住散文文体特征，选择好散文教学的内容。这些教师由于无法将文本深刻的思想内涵做出合理的揭示和解释，也就只好一直在文本表面滑行，也就是只抓住字词句来学习和考察，不能够深入文本的内里，抓住潜在的话语意蕴[②]。

2. 生本对话，散文鉴赏的关键步骤

良好的阅读是读者主动接受文本语言文字的过程，是读者综合调动自己所有的人生阅

---

① 王尚文：《语文教学对话论》，浙江教育出版社 2004 年版。

② 孙绍振：《直谏中学语文教学》，南方日报出版社 2003 年版，第 160 页。

历、情感体验、知识储备等，投射于作品的独行的过程。作者把作品创造出来就是他自己的精神产物，由此可见作品被创造出来后就成了一个客观产物。那么对应这相联系的作者、读者、世界就起着它自身的作用，所以读者的阅读过程不仅要有意识地和作者进行对话，和世界也要达成理解进行对话。从这个角度讲，学生和教师都是阅读文本的主体，但是要注意的是教师、学生同文本对话时，要有区别，学生自己不能把教师的分析作为自己的阅读成果，教师也不能总是把教参当作自己的傍身之物。

我们应该给予学生更多“看”的权利，也就是说，尽可能地让学生调动自己的知识储备和生活经验去多阅读、品味、感受文本，由此与作者进行深入的交流，而不是脱离文本，一味地空谈、泛谈文章的思想和情感。所以，在开展散文教学之前，最好给学生留出一定的空闲时间，或者直接布置预习任务，使学生能够拥有充足的时间去阅读课文，形成一个初步的感性的认识，从而为课堂的教学对话做好准备，以文本为根基，不是偏离文本。虽然对于一些知识储备尚浅的学生来说，深入探究文本的过程必定困难重重，这个过程可能有好多疑问和困惑，然而这时就会触发学生的求知欲，带着自己的困惑到课堂上和老师一起探讨研究，这样的课堂才是主动而又生动的。

3. 师生对话，散文课堂的重要环节

学生是散文课堂学习的主体，教师对其学习活动进行组织、对学习者进行引导，要在课堂上展开平等的对话，用提问有效组织好课堂，在师生的问答交流中探索散文的魅力。当然，教师也要用好评价这个有效的教学手段，最大限度地发挥评价的正向激励功能给予学生关爱，在对话关爱中理解文本，在教和学中获得体验，二者之间做到教学相长。其实在真实的教学环境中，不平等的对话常有发生，基本都是教师意志盖过学生意志。散文教学中，学生理解本来就存在人生经验以及能力困难，教师就更应该眼中有学生、心中装下学生。学生在教师的带领下走进散文优美的世界，学习散文语句，以提升自己的语文能力。

要想教好、学好现代散文，对教师和学生都是不小的挑战，特别是生活和语文经验有欠缺的学生更是如此。基于散文教学学生理解的不易，教师就要花费心思将文章情感用合理的方式方法呈现出来。就像于漪先生所说的，在每一个孩子的心中一角，似乎都隐藏着一根琴弦，教师应该努力地去了解每个学生的具体特点，做到因材施教，展开平等对话，才有可能拨动孩子心中那根琴弦，与之产生情感上的共鸣，真正实现教学育人的本质功能[①]。

（四）准确把握现代散文进行多元解读

现代散文作品作为主要的文学作品，学生在阅读过程中进行多元而个性化的解读是必

① 教育部师范教育司：《教育家成长丛书：于漪与教育教学探索》，北京师范大学出版社 2006 年版，第 38 页。

要且必需的。多元性和个性化的文本解读不是说没有原则没有边界的，也不是只图新颖的。孙绍振就强调，问题的提出，必须是基于自己对于文本的系统阅读与深刻解读，若是远离文本根本不会提出有价值的问题，反而会歪曲原文之本意，真正的个性化的、多元化的文本解读，必须首先是基于文本自身的，在阅读文本的过程中，发现问题，多向思考，仔细琢磨，解决问题[①]。因此，想要做到对现代散文进行多元而个性的解读，可以从以下两点入手：

1. 坚持正确的价值观念

文学作品本身拥有丰富多彩的资源，它自己本身就包含很多不确定性因素：有时代局限性，作家个人风格特征与倾向情感都存在其中。文本的解读，如果把别人的观点和认定作为依据是非常不合理的，那样会影响到自己对文本的理解，阻碍了思维的锻炼，束缚了手脚。教师对于学生的个性化解读应该加以鼓励，且多多引导，可是中学生的思想还不够成熟，知识积累也不够，而且个人的人生经验和情感体验都很不足，就不可避免地会曲解文本。一些教师采取了“放羊式”的教学，课堂上对学生放任自由，学生任意解读文本也不给予引导。这种对于文本解读的多元做法是有问题的，没能把握散文多元解读的界限。因此，当前的任务是，既要继续鼓励学生进行个性的、多元的文本解读，拒绝唯一的、标准的答案，同时还要防止和纠正学生随意的、任性的胡乱解读。其目标在于，使学生能够沉浸式地陶醉在真实的阅读情境之中，学生能够真切地被文学作品的艺术魅力所吸引与折服，由此就不担心学生没有多元化、个性化的解读[②]。教师应该多观察和把握学生解读文本的过程，一旦脱离文本和发生曲解，就应该及时指出并予以纠正。想要学习好现当代散文教学，文章的主旨和情感的把握是不容忽视的。

从文本语言、构思等方面来进行理解，去抓住作者的思想感情是现当代散文教学的重心。因此，一定程度上去拓展相关资料，进行学习迁移也需要和作品本身有联系，不能与文本脱离过远。如果只企图让自己的课堂变得热闹、活跃，全然不顾文本解读的重要性，那么，给学生进行的拓展、迁移环节就像无根之木，反倒让散文学习成了空谈。因此，教师自己要真正回归到文本上，并在文本基础上拓展、迁移。

2. 创设适宜的解读环境

在散文教学中，要创设合适的情境，以激发学生的想象力和创造力。在现代散文学习中，需要运用到想象力和创造力的地方非常多。生活情境的创造可以帮助学生处理文本内容不太能理解的地方，让学生在文章所创设出的环境中自如地感受。学生通过文本联系自己的生活经验、情感体验，进而从自己的生活中走到课文里去。我们可以采取如下方式创设：

---

① 孙绍振：《多元解读和一元层层深入——文本分析的基本理论问题》，《中学语文教学》2009年第8期。

② 赖瑞云：《混沌阅读》，福建教育出版社 2003 年版，第 290 页。

第一，联系生活，特别是所教对象的生活，进行情景还原。由于生活源于课堂之外，所以需要进行创设。要注意的是这样的创设只是“演”，而不是真正呈现。所谓“演”只需要教师根据当场已有之条件，设法将学生从课堂带入散文所摹写的场景中去。这样一个既契合散文文本内容，又贴近学生生活的课堂，可以让许多学生融入其中参与学习，从而提高他们学习散文的积极性，并且对于实施教学内容有所帮助。

第二，结合现代散文语言的优美这个特点，加之以语文教师优美的教学语言，应在良好的想象与思维空间中，为学生插上想象的翅膀。对于现代散文教学是否能取得很好的效果，教师的教学语言是一个重要的前提。教师语言丰富多样是能够有效地吸引到学生的注意力的，是把学生带入课堂、走进文本的有效方式。因此，语文课堂的成功与语文教师的语言素质联系紧密。教师语言的丰富性可以促使学生想象思维变得活跃，创设出的语言环境也能够让学生感受到无限的乐趣和美感。由此，我们教师可以反思，如果不继续加强自己教学语言的训练，还是将一篇优美的散文讲得干巴巴，别说学生不感兴趣，我们自己也会觉得了无生趣。所以只有语言的积累足够以后，教师自身能力才会得到提升，展开散文教学也会变得简单，教学的效果也才会良好。

二、注重整体，紧扣现代散文主要特点

使用整体阅读的方法进行现代散文阅读教学，能够很快地理清思路，这是现在的教育专家和一线教师很喜欢在现代散文教学中使用的一种方式。王荣生教授一直以来持有的观点也是从整体出发才能理解好文本的内容，这样才能把握住文章的形式知道文章在讲什么。孙绍振对此观点也是极为认同的，他认为“肢解”式地分析文章会误解作者原意，把文章弄得七零八落。紧扣散文“形散神聚”的特点，刚好落实到现代散文教学中会十分奏效。从整体上去把握文章的形式和内容，也就是说，立足于阅读对象，我们从文本自身的整体出发，接着去感知和领会文中每一个部分所表达的含义和要发挥的作用，然后再把每个部分和整体相互联系起来全面且深入地去理解文本内容。使用这样的方式，学生和教师都有了整体阅读的意识。那么散文阅读就会变得轻松简单，一步接着一步，由表及里，逐渐深入，走进其中并乐在其中，在乐与美中获得情感的体验、知识的积累、能力的提升，最后达到个人的成长。

（一）理清脉络，抓住现代散文之神

现代散文的脉络就像是人的骨架和经络一样，是作者写作思路的展现。作者以自己的逻辑方式表达出自己的思想感情，这是一个连贯的、有条理的、富有个性色彩的思维路径。就像海滩拾贝，要把零散的材料串联起来。这样对于散文有整体感知后，其他的结构思路

也要能够有大致的了解与把握。了解散文的思路就能掌握文章全局，对文章能够了然于胸，那么理解作者的写作意图也就是顺理成章的事。处理好散文“形”与“神”的内在逻辑关系，透过“形”抓住“神”，理解作者要表达的深远内涵，汲取其中的精神养分。熟悉各个部分，了解每个部分的内容是理清层次的基本出发点，而且每个部分之间是如何关联的，此外，我们还可以借着一些关键词句的分析，把握理解文章。

1. 读懂现代散文题目

把现代散文题目读懂是我们理解文章的突破口。题目就是我的眼睛、通往心灵的窗户。散文课文的题目就是告知我们文章的方向。文章的题目基本是言简意赅，具有凝练特点的。要么能一语道破散文内容，要么说清楚文章思想情感，要么提供理解文本的线索，或是文本的中心。抓住题目，仔细研读，就能发现理解文本内容的着力点，进而以点带面，理解全文。比如，阅读《背影》，学生可以根据标题思考作者看到父亲的几次背影时，每次流露出的情感是有所变化的，由此就可揣测到“我”对父亲的一些复杂的感情。

2. 关注文章段落首句

一篇文章的首句一般都非常重要，常有提纲挈领的作用。现代散文更是如此，它常是作者情感、观点的突破口，在全文中位于中心，在阅读教学中特别要注意到这点，它往往是引领我们读懂散文，同时也是教学上非常好的入手点。比如，朱自清的散文《荷塘月色》，开篇即云：“这几天心里颇不宁静”，它就告诉读者，全文要探索的是朱自清的情感变化，即是怎么从心里颇不宁静，出门寻求宁静，获得片刻宁静，最后走出宁静的。这种形式的语句，就是我们要去抓住的“文眼”。

3. 留意文章结尾

教学现代散文，注意首句非常重要，同样，抓好尾句也不可小觑，现代散文尾句常常画龙点睛，达到“升华主题”的艺术效果。在教学现代散文课文时，虽不是篇篇如此，但在阅读文章时留意其结尾，会加深对文本的理解。如《散步》《老王》等文章的结尾很有深意，值得重视。

4. 拎出关键句子

找寻出关键句子也是仔细体悟关键处的方式之一，现代散文的一些关键句子往往是帮助理解文本的关键。文章的中心句又或是记叙性散文里的抒情议论的地方、起到起承转合作用的、铺垫作用的语段都属于此。这样的句子一般在文章中，就可以起到画龙点睛的妙用。读出这样的句子、读对文本的关键点，也就读清了文章的中心内容和思想情感。例如，教学《紫藤萝瀑布》时，“人和花都会遇到各种各样的不幸，但是生命的长河是无止境的”就是非常值得深入研究的关键句，它正是作者在千般困苦后依然充满信心地面对漫漫人生路的真切表达。

5. 体悟文本细节

“人物、景物、事件等表现对象的富有特征的细枝末节，是文学作品情节的基本构成单位”。细节的描写可以突出特点，让人读了能够更加幸福。但作品的细节蕴含在文章中，学生阅读不细致或者以为不重要就被忽略掉了。这种情况下，教师要适当带领学生去感受文章细节的意义和作用，披沙拣金，把自己的生活经历同文章结合，与文章联系体会其深刻内涵，在阅读过程中要留心去发现作者在文本中的细节设置，注意与细节设置的铺垫和照应。

比如，莫怀戚的《散步》一文，描写老少中三代人一起散步的过程，在散步中出现的矛盾之处，通过作者笔触表达了作者对生活以及人生的体悟。在教学时，需要注意引导学生把注意力放到字里行间的细节处，由此细细感知和品味一家之主的作者所承担的责任、压力，由此去感受情感深处的复杂心态，而不是去着重分析情节以及人物形象。也正是由于带着切身的生命体验去感知生活、去用情创作，这篇散文才能够在那么多以亲情为题材的散文作品中出彩。因此，体味这种情感独特性是这篇文章的教学重点。

6. 抓住情感变化

现代散文是作者情感的直接表达和抒发，作者情感流动才是文章所要体现的主要部分。学生阅读散文文本，把握和体会到了作者独特的情感体验和抒发，才算是理解了文章意旨，把握了文章主题。

比如，杨绛先生的《老王》是一篇以描写人物为主的散文。老王的形象在作者笔下熠熠生辉，给读者留下了无法抹去的印象。所以有些教师在教学这篇文章时，将分析老王的人物形象作为自己教学的主要内容。重点分析“老王是个怎样的人”“他有哪些高贵的品质”，殊不知都跑偏了，在教学内容的选择上出了问题。其实文章最后有一句点睛之笔，也就是“我渐渐明白，那是一个幸运的人对不幸者的愧怍”，由此引起我们对于这篇散文之教学内容的思考，它成为我们确定这篇文章应该教什么的一个突破口。即是要通过一系列和老王相处的事件，去体会作者的情感变化、体会作者的真诚忏悔，让学生学会做人，从而达到育人的根本目的。

（二）适当提问，衔接教学过程

师生之间的合作与互动通过提问题可以很好地促进，学生融入课堂的表现之一就是从学生积极地参与到课堂提问的讨论与解决当中看到的。对于抒情散文教学，教师应该尽可能地创设出一个符合文本意境的问题情境，从而把学生代入积极思考中去，将学生解决问题的能力以及散文学习的能力提升起来。例如，教学《散步》一文，可以问学生：我的母亲是好不容易熬过了一个严冬，为什么用“熬”字？把学生情感带入，深刻体会中年人的心理，从而达到教学目标。

1. 提供智力背景

教师设置问题是需要合适的，如果难度太大或是太过简单，都不会达到我们设定的教学目标。所以这个时候教师给学生提供必要的智力背景就是在帮助学生完成学习目标。因此，教师应该提前让学生做好预习工作，或者在课堂上点名提问之前，先做一些知识性的背景补充，或者还可以先做一个示范性的讲解，才能更好地引导学生和启迪学生，对文本有更深层面的理解。

2. 引导学生注重探究

语文新课标已明确提出，培养学生的创新精神是我们教育教学的目标之一。学生的创新从哪里来，要从对作品的探究、质疑和评价中来，特别是散文，它蕴含了关于生活、世界与人生的深刻见解，更值得我们去研究。在现代散文教学中，教师可充分利用好自主、合作、探究的学习方式，引导学生、提倡个性化阅读，尊重学生，让他们在探究中不断创新、获得成长。

3. 切中“愤悱”之机

《论语》所谓“不愤不启，不悱不发”，其中“愤悱”是学生学习起疑的一种心理状态，此时是对其启发的最佳时期。当学生在学习现代散文时遇到困惑，进入“愤悱”的时候，我们的语文教师适时启发，引导学生反复思考，学生就会想表达、愿表达，他们经过思考得出答案，这比直接告诉他们答案要有效得多。由此能够激活学生学习的自主性和自由探索的能力。

三、巧妙引导，唤醒学生审美体验

（一）知人论世，深刻体悟现代散文丰厚之情

“知人论世”的文学批评模式经过不断的发展，时至今日仍然占据着重要的地位。所谓“知人”，就是去了解认识作者。所谓“论世”，就是了解作者作品的背景，即了解文本的写作背景。也就是说，文本是作者对于生活、时事的见解，与作者紧密相连，现代散文更是如此，时代气息浓厚，对于我们理解作品内涵具有重要的指导作用。通过对时代背景的了解，对作者的思想、情感就会更明了，借助作者简介、背景等，学生不至于盲目不清，云里雾里，对散文学习才会更有兴趣，从而主动了解和体悟散文的意蕴之美。

（二）找出“文眼”，细致感知现代散文构思之美

由于散文的形式很“散”，所以这也是许多学生甚至是教师在教和学的过程中都很难准确把握的。然而，散文很散，却不意味着毫无头绪或随意而为，看似凌乱的文字背后总

有一条主线贯穿始终，这条主线就是人们通常所说的意脉。那么又如何把握意脉呢？应该怎样找寻“文眼”呢？清人刘熙载就认为，“文眼”是“揭全文之旨，或在篇首，或在篇中，或在篇末。在篇首则后者必顾之，在篇末则前者必注之，在篇中则前注之，后顾之。顾注，抑所谓文眼者也”[①]。由此可见，作为一篇散文之中，最传神、最能够引人深思、耐人寻味的一个字或一句话，文眼是作者思想、情感的焦点所在，一篇好的散文，必然会有一个好的能够统摄全文、具有深意的文眼[②]。所以只要抓住了文眼，一般情况下就是抓住了文章的基本思想和感情基调。比如，在教学《荷塘月色》时，只要能够抓住“这几天心里颇不宁静”这句“文眼”，对文章情感的把握就有了凭借和抓手，情感目标的达成也就水到渠成。

（三）反复吟咏，用心品味现代散文语言之美

散文的美，在语言文字的运用中得到体现。作者通过运用语言能把他的生活经历以及思想感悟运用巧妙的表现手法描写出来，因此，品味语言之美是现代抒情散文教学的重要内容。很多老师在讲朱自清的《荷塘月色》时，常将美丽的荷塘以及静谧的月色等图片作为教学的重要素材甚至是唯一素材，希望通过图片吸引学生进入作家所描写的意境中去。然而，这样做的结果很容易导致学生只会看图，却错失了对作品本身的想象。这样学生就不太容易耐下性子来，阅读文本对话就容易处于无效状态，难以体会隐藏于作品之下的细微而隐秘的情感。所以，教师应该创造一些特别的教学条件，营造出适合教学环境所需的意境，引导学生去赏析，这在讲解课文时非常重要，设计优美语句让学生在赏析这个环节，在实践中把握作者对文字把握的巧妙程度，比如，以“田田”“亭亭”描写荷叶之繁茂与挺拔，就像一位穿着裙子的少女一般清丽可人；还有一个“浮”字又把层层薄雾形象化了；再如“泻”字，又将月光的亮度和温润写得可以让人感觉到，月光之美立即可视化。通过对语言的不断体会，领悟现代散文的语言美，体会美句中的深厚情感。

（四）披文入情，切实体验现代散文意境之美

“文章之妙，一言以蔽之曰：‘有意境而已矣’。”中国审美文化中的重要标准之一，就是看意境。我们常用物象来营造意境，意境创设的是情景交融的成果。虚与实的结合往往能营造美好的意境。读者通过想象、联想这种把握形式的方式，将作品描写的“意象”进行结合想象，这种有意识的审美使得我们能够把平凡的事物变得灵动，从而隔着书本也能触摸到作者跳动的脉搏。

比如，人教版必修2《故都的秋》这篇课文，通过故都风俗图展示，从北平那普通的山水院落描写，我们感受到的是作者对北平那深深的思念和眷恋，抒发的是一个普通的平民知识分子心中那份感伤而热烈的情感。写扫街时，“在树影下一阵扫后，灰上留下来一

---

① （清）刘熙载：《艺概·文概》卷一，上海古籍出版社1978年版，第40页。

② 张东：《让灵魂诗意地栖息——美读散文》，《中学教学参考》2012年第25期。

条一条扫过的丝纹”把意境刻画得如此寂静和清幽。它写到槐树的落蕊时，“脚踏上去，声音也没有”；所以，作者说道：“潜意识里‘还觉得有点儿落寞’”，在此处作者已达到了人和景物共通、情与景共融的地步了，刹那的情绪传递是作者对秋的悲凉感的体现。另外，作者笔下记录的那些冷色调的色彩写扫街的，“在树影下一阵扫后，灰上留下来一条一条扫过的丝纹”。这种意境多么寂静、多么清幽啊！牵牛花的蓝朵，碧蓝的天色……作者仅用寥寥几笔略做勾勒，就已将读者带进了故都之秋的清、静、悲凉之中。又如讲授朱自清的《荷塘月色》，这篇散文美轮美奂，要想把握文章内容，不只是要欣赏作者描写的景色之美，诗意的韵味，还要透过这些看到朱自清当时的情绪和心境。作者创造出来的这个审美天地需要教师带领学生去体会：在白色月光下，荷叶随风轻舞，荷花的清香抚慰着作者心中的哀愁。当然，好的散文太过单一，就不能称其为好了。有些人过于死板木讷，对所有散文都进行意境与意象的分析，实际上，大可不必。这种分析意境和意象的感受主要是针对抒情散文的。

（五）借用媒体，充分领会现代散文情感之美

目前，课堂教学中都会借助于多媒体来进行课堂教学，这种方式确实给语文教学，特别是散文教学提供了良好的教学环境，一定程度上促进了教学。在多媒体带来便利的同时，教学也出现了不少问题，比如，教学课件制作简单、多媒体的使用使教学内容冗杂，忽视了学情导致学生难以接受课堂内容。因此，我们在现代散文教学中，要学会正确且合理地使用多媒体。

教师应该在课前精心准备自己的教学课件。刘永康认为一个好的语文课件的设计，应该符合四个方面的基本要求，那就是要注重设计的人性化，外在形式必须服从于课件功能，而且最好具有抽象、简洁、高秩序的形式美，并能确立一套审美观。[①] 当然，不能有了课件，就不加强交流，语文作为一种情感交流的工具，语文教育就是要培养学生熟练使用语言文字来表达自己的所思所想和情感体验。[②] 多媒体是无法替代师生间的互动和互相启发的。当教师借助多媒体上课时，教师要把注意力重新放回到学生本体上，和学生积极互动起来，把学生从课文外拉回课文本身。

四、利用阅读，加强学生写作思维训练

鲁迅先生就认为，文章写作只有多看多练，除此以外，他也并无别的心得和方法[③]。

① 刘永康：《语文教育学》，高等教育出版社 2005 年版，第 298 页。

② 刘永康：《语文教育学》，高等教育出版社 2005 年版，第 282 页。

③ 鲁迅：《鲁迅全集》第十三卷，人民文学出版社 1981 年版，第 23 页。

所以阅读，多多地阅读，仔细阅读并领会名人大家的经典作品，是促进写作能力提升的最佳途径。所以写作离不开阅读，阅读离不开写作，二者关系十分密切，阅读是学生积累大量素材的非常快速而且极为便捷的途径，同时也是学生进行写作学习模仿的典范。无论是文章的脉络布局，还是文章的言语运用和思想情感的抒发，写作都依靠阅读的输入来完成。从阅读中汲取养分，把阅读过程中积累的精华自如地运用到写作当中，应笔而出，思如泉涌，下笔有神，这才是有意义的阅读。

通常看来，学习写作需要经过一个从积累到模仿、借鉴最后是创造的过程，而这几个环节没有一步是离得开阅读的，那么阅读之于写作的作用何在呢？其有对于语言素材的积累，提供模仿之范例、技巧，提升理论修养等好处。[①] 这就提醒教师们在阅读教学过程中，除了以文学赏析形式来品读文本之外，还应从文章学、写作学等多方面的角度引导学生来分析、揣摩文本。比如说文章的谋篇布局、遣词造句等方面都是值得探讨的地方，如高中散文《小狗包弟》开篇第一段就是值得师生一起探讨的。

（一）尊重学生个性发展，鼓励学生个性化阅读

中国现代散文是作者对事物的特殊意义和美质的发现、认识，是作者体验历程的产物和自身反复思考的成果，它给我们带来了无限美的体验和思维的启发。在教学中，尽可以利用作品的“召唤结构”去“填空白、找新意、寻新路”。

1. 鼓励学生自主思考

散文文本的解读，本来就提倡多元性和开放性，其实在实际教学里面，教师大多用自己原有的理解或是拿教参或者一些说法运用在教学里面来代替学生的独立阅读，认为“教参”对文本的解释是最具权威性的、是大家公认的，教师自己本身忽略了对散文的原生态解读，教给学生的不过是“教参”解读的接力棒，这样只是一味地灌输死板知识，让学生被动式地接受学习，逐渐丧失了学习的主动性和独自思考的能力，久而久之，形成固化思维。散文教学也失去它原本的感染和熏陶意义，学生也逐渐失去了兴趣。职是之故，教师应该竭尽全力、利用一切可以利用的条件，必须为学生创设一个良好的阅读环境，与此同时，还要全程关注、充分了解学生阅读是否主动，需求是否多样，心理是否特殊，可以在学生提出个人不同见解的时候予以适当鼓励和充分点拨，不能够以自己的分析取代学生的思考，更不能以自己的水平鄙视学生的理解能力。[②] 在散文教学中，教师要把手放开，在课堂里看到学生的主体性，教师要清晰地认识到，对于文本的解读肯定是不能取代学生的独立思考的，应该提供给学生一个结合自己的知识储备与生活经验，进行自主思考，认真

① 韦志成：《作文教学论集》，新蕾出版社 1982 年版，第 33 页。

② 中华人民共和国教育部：《普通高中语文课程标准（2017 年版 2020 年修订）》，人民教育出版社 2020 年版，第 16 页。

体验和感悟散文情感表达，丰富自己心灵世界的良好平台。

2. 发挥教师主导功能

应该培养学生个性化地解读现代散文的意识，应该培养学生独立思考的意识，这是对的，但是不少一线教师容易出现和散文文本不一样的理解，而在关注到学生主体性所起的作用之后，教师又往往会把自己忽略掉，教学活动中的主导作用没有发挥出来。就好像是让学生自主学习，就让他按照自己的意愿，爱如何学就如何去学。我们认为，这种处理办法实际上是让学生盲目地自主学习，在学生遇到问题、产生困惑时，无人可问、没有人有效引导，学生学习效果可想而知。所以，在语文教学中，特别是容易让人跑偏的现代散文教学中，任课教师更要发挥好教师所要发挥的主导作用，还要积极鼓励学生自主思考与学习，更重要的是引导学生多进行探究式的学习。

首先，教师不能再单向地把知识生硬地教授给学生，看到自己主导地位的同时，还要注意学生的需求。在散文教学里，学生自主探究问题时采用启发诱导、长善救失等方式相结合，鼓励学生创新思维，从多角度、多方面思考问题，调动学生学习的主观能动性，鼓励他们进行个性化的表达。了解学生学习认知的特点，现代散文的教学要从学情出发，从学生理解能力和认知水平出发，由表及里、由浅入深，逐步提高。比如，教学陆蠡的《囚绿记》时，学生对于作者执迷于“囚绿”有极大的困惑，这时需要教师带着学生看到作者的写作背景，为阅读课文做一个补充，学生借助阅读辅助资料，从文本生活到学生实际生活的鸿沟，若要实现跨越，必须得进一步地去感悟文章的内涵和意义。查阅资料后，学生明白这篇《囚绿记》于 1938 年写下，那个时候的祖国正承受着极大的灾难，作者自己被困在已成为“孤岛”的上海，他用以前在北平暂住时公寓窗外的常春藤作为情感寄托对象，来抒发自己向往自由，追求光明和对日本侵略者仇恨的感情。这时，给学生留足独立思考的空间，感悟作者对这份“绿”的复杂情感。作者看到了自己与那常春藤的命运在某些程度上特别相似。而且那个时候的国家已经处在了水深火热之中，自己是一个热爱祖国的青年作家，在这种国难当头之际，那种抑郁愤懑的情感。所以，其实作者笔下的常春藤就是表达了自己对于祖国的情感和愿望，同时还表达出了对日本侵略者侵略行为的愤懑之情。此外，由于作者自己“恋绿”，想要和绿色更加亲密接触，作者将自己窗外两枝碧绿的常春藤，牵进了迎窗的案头。但是这个被作者形象化表达为“囚”进屋里的绿藤，纵然尖端每天都有阳光的照射，但是整个藤蔓的整体却在逐渐变黄，枝条越来越瘦，至此文章“文眼”和盘托出：它是个“永不屈服于黑暗的囚人”，从而自然引出了作者对于祖国能够早日解放、获得新生的强烈渴望与期许。

其次，教师做好教学主导同时，也要兼顾起教学全过程的监控和调节。如何把监控做到位呢？在教学过程进行时要做好指导，并且把课前预习、学生作业和复习巩固的这几个环节落实到位，在学生自主学习时将其存在的问题，给予及时反馈并给出正确的意见和建议。

3. 个性解读立足文本

任何文学作品的解读都必须立足文本，从文本本身出发，不能脱离文本做凭空想象，这不是一种理解创新，而是自己的一种臆想，毫无根据可言，这样的解读归结为两点：第一，错误的“多元解读”，每一篇课文都有规定的价值导向。例如，《红楼梦》中林黛玉的人物形象，就不能解读成《水浒传》中的“黑旋风”李逵，这是很明显的扭曲的文本解读。第二，脱离言语大谈人文，即脱离文本的字、词、篇、章，只抓住思想内容大谈人文。例如，某校一线语文教师在教授《林教头风雪山神庙》一文时，不分析故事情节，直接讲林冲杀人后继续跟学生说生活中不能杀人，这是触犯法律的事，将受到法律的制裁，明显可以看出，这位教师已经脱离文章的具体内容，大谈人文，这篇课文是小说体裁，应把重点放在林冲是如何被逼上梁山，之后又怎么一步一步被逼做出一系列的事，这才是文章的重点教学内容。

现代散文文本个性化解读的理论依据，就是散文本身所具备的文体特征。既不把教材当作“圣经”般高举，也不能放在一旁完全无视。在文本依托下，教师引领着学生到现代散文那片富饶的精神土地，每个人都从中得到滋养。要是无视文本存在，恣意妄为地去理解，这样的解读也做了无用功，得出的理解就比较片面，现代散文的人文精神也会随着流失掉。所以，现代散文教学要能做好个性化解读，就要用好散文文本这个“例子”，使学生主动走进文本，和作者展开心灵的交流，展开与文本的对话，当然也需要师生对话、生生对话，再结合自己的语文经验和生活经验，对散文文本做出富有个性化的解读，在这种解读中体会到自我的存在。

（二）读写联结，培养学生写作能力

“读写结合”的教学方法，作为我国语文教育教学留下的宝贵经验，在语文教学中得到了传承和广泛运用。对于阅读和写作的关系问题，叶圣陶先生就曾说道：“阅读和写作是吸收和吐纳的关系”[①]。阅读写作是不能分开的，在语文教学中要注意相互结合。利用教授课文的过程，切时切机地从文本内容出发，引导和设计出与课文相关的“写”的内容，由此实现“以读带写”和“以写促读”的双向的目的。[②]因为语文教育旨在培养学生各个方面的综合表现能力，而作为散文教学，其价值在于能将阅读和写作能力综合培养，以此带给学生综合实力的提升。

1. 品味优美语句，进行仿写训练

仿写是从古代语文教学中就有的教学方式，现代散文的语言优美，这是它本身的文类特征。在进行现代散文的阅读教学时，我们的教师有意识地引导学生找到语文教材中现代

① 叶圣陶著，中央教育科学研究所编《叶圣陶语文教育论集》，教育科学出版社1980年版，第492页。

② 余映潮：《余映潮讲语文》，语文出版社2008年版，第74页。

散文作品的美句，对语言优美、情感真挚的语句仔细体会、认真品鉴。通过阅读教学，学到了这样的语言图示后，教师可采取仿写的方式对学生的语言能力进行训练，使学生的能力得到迁移。现代散文是十分适合学生学习写作的文类。读写联结，引导学生赏析散文语言，同时加之以写作的训练，把语言的学习融进语文实践活动中，这对学生语文能力的提升是非常有效的。教师在教学现代散文特别是一些文笔优美的散文时，如朱自清的《春》这类文章，就很适宜读写联结的方法。

2. 鉴赏写作技法，获得写作启示

能够入选语文教材的现代散文，无一不是经过编者精心筛选的非常经典的、非常优秀的现代散文。这些文章大都文笔优美、情感丰富、意韵深远，除了是学生阅读的佳作外，也是学生学习写作、提高写作水平的最好范本。在教学中，教师要注意这些现代散文佳品写作技法的分析，引导中学生揣摩作者的写作匠心，深刻体会到作者写作技巧的高超，使学生学会后能运用到自己的写作当中。许多中学语文老师都曾在自己的语文教学中实践过，在此也就不再举例来说了。

3. 让学生“趁热打铁”，结合实际动手行文

学过课文后还应该“趁热打铁”，把学生的实际生活和学习到的内容结合学以致用，让学生动手写小文章将学习的知识化为自己真正拥有的。作文是对生活的反映，是学生听说读写能力的综合运用，教师可根据文体训练的阶段目标，从语文教材中选取范文，引导学生从“例子”中汲取养分。每一次现代散文教学的结束，教师都可以引导学生去观察自己的生活，关心现实中的热点问题，捕捉自己瞬间灵感，抒发出自己内心的真实情感。向学生提出写作要求时，体现学生要“为情造文”，而不是“为文造情”。同时在写作过程中，让学生自己进行反思，可以使学生换个角度理解文章的价值和精髓。

倘若我们的教师具备深厚的文学素养，具有资源整合能力、预设迁移的能力等，那么对学生进行读写结合的教学就非常得心应手。现在被选入教材中的现代散文都是非常合适的，这也体现了课标中提倡的既能培养学生的理解能力也能正确地使用祖国的语言文字。将阅读时得出的规律或经验用于写作当中，在写作当中又可以进一步磨炼熟悉这些规律和经验，促进阅读能力之提升。因此，阅读和写作是一个双向互动的，共同促进的而非互相隔膜的关系[①]。如果能够将读写联结的策略，运用到中学现代散文的教学中去，以读带写、以写促读，可使语文教学效果扩大。

① 汪潮：《读写结合的历史追溯》，《小学语文教学》2002 年第 3 期。

五、立足文本，渗透人文精神教育

（一）人文工具，相得益彰

课标指出语文课程的性质是工具性与人文性的统一，这是语文教育界达成的共识，但并不是唯一的答案，语文课程性质还有很多。工具性只是基础，是文本用来表情达意、思维交际的，各种文化也因此得到传播。由此可见，工具性与人文性是相互联系的，是分离不开的。学者张政栋就认为，语文课堂的人文魅力与其精神品位即在于，它是对于美好的大自然、珍贵的生命意识的热情赞颂，所以应该是最具有热力、最富强力、最感染人的地方[①]。把字、词、句、篇这样的语文基础知识教扎实，对于简单的字词也要学习品味分析，再让学生使用各种阅读方式，于文字间品味语言之美，提升听说读写的能力，并与现代散文教学有效结合。散文教学就是要基于它本身的文体特征，抓住其语言优美这个特质，让学生通过反复诵读、体验含义，让学生在美的愉悦中学会使用语言，这也是语文具有工具性的具体体现。而能够在教学过程中通过开展一些有益的课程活动，进而调动和发挥学生们丰富的想象力和自由的创造力，以此让学生找到、体会到学习散文的乐趣，培养自己审美鉴赏的能力，提升自己的综合实力。[②]这正体现了对学生的人文关怀。学生在散文学习的过程中，课文是他们学习的中介，也是他们拓宽眼界的方式，把他们的人生经验与作品相结合，放在阅读里插上想象的翅膀，就能助其语文学习变得更加容易，语文教学的人文性也能得到凸显。

（二）立足文本，循序渐进

所有的教师自始至终都应该持守人文教育的核心理念，并把这种隐形的教学理念转化为教师的一种自觉主动的教学行为。在课堂上教授知识时，通过灵活的教学手段及教学内容，让学生在课堂上思考生命、人生价值、个人尊严以及人性的复杂等。尊重学生个性的健康发展是语文教育人文性的重要体现，学生个体内心的精神体验、想象以及再创造都要在文本中获得提升。所以现代散文教学，就应该从文本出发，“坚守”文本，一点一滴，循序渐进。文本是由言语形式构成的，具有工具性的特征，而人文性是通过言语形式表现出来的。具体地说，散文的人文精神是通过作者的遣词造句来表现的，这个词语在句子中是否生动、细腻，有没有哲理性或者是否深刻表达文本的内容；某个句子在具体的语境中使用得好不好，有没有强烈地表达作者的意思、思想。此外，还有标点符号的使用、层次段落的划分等处都可以体现出散文的人文精神。

---

① 张政栋：《初中现当代散文教学教法探讨》，《文学教育》2013 年第 2 期。

② 陈林：《浅议初中语文散文教学》，《语文教学与研究》2013 年第 2 期。

第六章　中学现代散文教学内容重构案例分析

在明确了中学现代散文教学内容重构的依据后，我们又尝试讨论了重构教学内容的策略。这样的教学内容重构以及重构策略的实施应该如何落地，应用到现代散文教学当中呢？也就是说，拿到一篇课文，怎样进行深入解读，才能把握住作者的写作意图？在教学时，如何把握好课文整体，抓住散文的主要特点？教师应怎样写教学设计，又怎样分析和评价教学设计？教学内容的重构怎样入手，重构策略如何落实？这就需要具体案例的展示和分析。初中部编版八年级上册中的《藤野先生》和人教版必修 2 中的《荷塘月色》都是非常经典、而且是我们非常熟悉的课文，也是被教师经常用来作为公开课示例或者进行教案评析的课文。本章内容以《藤野先生》《荷塘月色》两篇课文的教学为例进行展示和分析，来探讨现代散文教学内容重构的实践运用问题。

一、疏通脉络读懂叙事散文主旨——《藤野先生》教学设计分析

语文教师在完成一堂课的教学后，不仅要让学生掌握语文课本中的语言文字，而且同样重要的是要让学生明白本篇课文究竟在讲什么，也就是我们经常说的文章主旨是什么。在高中语文新修订课标中对此有明确的要求，既要培养学生欣赏文学作品的兴趣，还要能够整体感知体会作品所描写的形象，比较准确地去把握作品所反映的思想内涵，而且最重要的是，让学生能够运用口头或书面的语言将自己对作品的感受与理解表达出来。[①] 教会学生读懂一篇课文的主旨是我们教学中必要且重要的任务。

王荣生教授主张从文体来引导对散文教学内容的选择，也是本书所主张的在教学内容选择中要紧扣散文特点。然而，叙事性散文内容零散，教师在解读过程中都存在极大难度，对于中学阶段的学生来说更是不易把握。正如《藤野先生》这篇鲁迅先生描写日本求学，感念老师知遇之恩的课文，对其主旨都存在三种主要理解[②]。其实，从我们散文教学内容

① 中华人民共和国教育部：《普通高中语文课程标准（2017 年版 2020 年修订）》，人民教育出版社 2020 年版，第 36 页。

② 范练娥：《真正读懂“这一篇”叙事散文材料与主题的关系》，《语文教学通讯》2018 年第 3 期。

重构的五个方面来看，注重文章整体紧扣散文特点就可以帮助教师和学生把握好叙事性散文主旨，明白课文所表之意。下面就以笔者指导实习的一则教学设计——《藤野先生》进行分析和具体说明。

《藤野先生》的教学设计：[①]

教学目标：

1. 理清文章的思路，体会作者对老师藤野先生的深切怀念。

2. 学习本文刻画人物形象、人物典型性格的描写方法，把握藤野先生这一人物形象。

3. 指导、启发学生体会藤野严九郎的高尚品质。

教学重点：

通过学习文章对藤野先生的语言、动作、神态的描写方法，掌握这一形象及其思想品格。

教学难点：

鉴赏文章语言，学习本文刻画人物形象的语言、动作、神态描写方法。

课时安排：两课时。

第一课时

一、教学导入

在鲁迅的一生当中，有那么几位老师让他一辈子难忘，如章太炎、寿镜吾，当然还少不了仙台求医期间的日本教师——藤野先生，那究竟是什么原因竟让鲁迅先生对藤野先生如此地难忘呢？今天就让我们一起走进《藤野先生》。

二、作者简介

学生回答，教师进行适当的补充。

三、鲁迅日本求学期间的国际国内背景

国内背景：1900年，八国联军侵华，中国作为战败国，被迫割地赔款，允许列强在华的种种权益，中国完全地沦为半殖民地半封建的国家。

国际背景：1904年，日本和俄国为争夺在辽东半岛和朝鲜半岛的权益，毅然在中国的东北发动战争，最终俄国战败。

四、整体感知，理清思路

1. 学生朗读文章，为下列的字词注音。

绯　熳　逊　诘　杳　深恶痛疾

2. 结合文章的注释，解释下列词语

烂漫　标致　精通时事　掌故　模糊　落第　不逊　匿名　诘问　杳无音信　正人君子　深恶痛疾

① 笔者指导实习实践的教学设计。

3. 快速浏览文章，标示段序，划分文章的段落层次，并尝试说出文章的段落大意。

教师巡视课堂，指导学生划分文章段落，以了解各层次含义。

第一层（1~3 段）：作者为什么要从东京转而到仙台求学？为后面叙写与藤野先生的相识做铺垫。

第二层（4~35 段）：仙台与藤野先生相识，并叙述与先生交往的种种活动，从活动中体会到藤野先生的高贵品格。

第三层（36~38 段）：离开东京，但留下的是对藤野先生的深切怀念。

五、问题探究，赏析文本

1. 学生再读一次课文，思考一下文中共写了和藤野先生的哪些事迹，从中能看出藤野先生具有怎样的性格特征？

明确：文章一共叙写了藤野先生交往活动中的四件事，分别是：

检查修改讲义的事情——体现其认真、负责的工作态度；

纠正解剖图的细节——工作要求严格，治学严谨；

解剖实习课上的关心——不忘教师本分、关心爱护学生；

询问了解关于中国女人裹脚的问题——体现其孜孜不倦的求学态度。

从上面这些事件中，我们能看到藤野先生不仅是治学严谨、认真负责、关爱学生的教学者，而且，在他身上我们没有看到狭隘的民族偏见。

2. 读了这篇文章以后，你觉得藤野先生是一个什么样的人？

这一题型应该是开放性的题目，教师应该给学生更多的自主权，让学生把他们眼中的藤野先生给表达出来。当然，教师也可以适当地引导学生从生活中的藤野、与学生交往的藤野、肖像上的藤野等多种角度，来探讨藤野先生这一形象。

3. 文章中的作者对藤野先生是一种什么样的感情？你从哪里得到这一观点的？

讨论后需明确：文中的“我”对藤野先生是一种感谢和深切的怀念之情，如文中写到，鲁迅先生珍藏藤野先生的讲义、在北京寓居的东墙上挂着藤野先生的照片，通过这些行动表达对老师藤野先生的深深怀念，并将之化作自己继续写作的勇气和力量。作者为什么会对藤野先生有如此深切的感谢和怀念，是因为在当时那种情景下的中国，藤野先生没有以其他日本人狭隘的民族偏见对待“我”，而是对“我”抱有很大的期望，就像他自己在文章中写道：“有时我常常想：他的对于我的热心和希望，不倦的教诲，小而言之，是为中国，就是希望中国有新的医学；大而言之，是为学术，就是希望新的医学传到中国去。”①

4. 自由朗读课文，领悟课文丰厚的思想情感。

---

① 教育部审定：《义务教育教科书·语文（八年级上册）》，人民教育出版社 2016 年版，第 27 页。

六、课堂小结

文章并没有在藤野先生身上下太多的笔墨，但字字句句却透露出对先生的怀念，那作者究竟是如何来刻画藤野先生这一人物形象的，又是如何来描写藤野先生高尚的品格的，同学们可以利用课余的时间讨论一下，我们下节课继续分享。

第二课时

学习目标：

1. 赏析文本的语言，学习作者运用外貌、语言的描写方法。

2. 分析课文，感受鲁迅对藤野先生强烈的怀念之情。

学生再读一遍课文，完成下面的问题探究。

一、学生自读第一部分内容，小组讨论探究一的问题

探究一：本文在语言和外貌描写上有什么特点？

1. 再读了一遍文章以后，本文的前三段是如何写清国的这些留学生的？语言上有什么特点？

讨论后明确：文章使用了两个生动形象的比喻。“形成一座富士山”和“宛如小姑娘的发髻”，再加之“油光可鉴”“实在标致极了”等词语，十分恰当地讽刺了这些留学生怪诞的装饰。本文运用了比喻、反语和夸张，语言幽默而诙谐，在有趣的同时又增加了文章的讽刺力度，真是具有高超的文学艺术功底。

2. 文章的第六段是如何描写藤野先生的外貌的？

讨论后明确“黑瘦”“八字须”“戴着”“挟着”等。这些词语直白，丝毫不华丽。这完全是白描手法的体现。

二、学生自读第二部分，完成探究讨论

探究二：鲁迅先生为什么如此深受藤野先生的感召？

1. 教师再一次联系第一课时中，讲解作者日本求学期间的国际国内背景。

2. 鲁迅先生在东京学医期间，受到了哪些羞辱的事件？

明确：

（1）匿名信事件——“你改悔罢”；

（2）看电影事件——“万岁！”

3. 藤野先生作为一名教师，对于学术是一种什么样的态度？

教师引导学生阅读文章的第十二段到十九段。

讨论明确：从藤野先生收去“我”的讲义并帮助“我”做修改，和当他发现“我”的解剖图中血管的位置画错时，他耐心地帮“我”纠正，以及向“我”询问中国女人的裹足情形。从中，我们不难看出藤野先生治学严谨、一丝不苟以及他对学术的热爱。

4. 中国作为弱国而日本作为强国，当鲁迅先生到日本求学时，藤野先生是如何对待鲁迅的？

教师引导学生阅读文章的第二十段到三十八段。

讨论后明确：

（1）在鲁迅上实习解剖学期间，藤野先生了解到中国人敬重鬼神，担心鲁迅因此而不愿解剖尸体，但当看到鲁迅没有这一顾虑时，藤野先生为他感到高兴。

（2）当鲁迅告诉藤野先生自己将不再学习医学，他为鲁迅感到惋惜。

（3）在鲁迅要离开东京之时，藤野先生还将自己的照片赠送给鲁迅。

从上面的这三个小方面，我们能够看到，藤野先生并不因为中国是弱国，而对鲁迅持有狭隘的民族偏见和民族歧视，藤野先生是一个正直、热忱的人，他关心鲁迅，更热心地帮助鲁迅。

归纳总结：综合上面的四点，我们可以知道，鲁迅一直深受藤野先生的感召，一直对自己的恩师念念不忘。这是因为藤野先生严谨、热爱学术追求以及正直、热忱的高尚品质深深地感召着鲁迅，所以，这又如何能让鲁迅忘怀呢？

这一份教学设计非常值得新任教师或者在校语文师范学生借鉴，同时也可供一线教师作为教学参考。首先，从教学设计中能够看出教师从教学内容的角度出发对课堂教学进行预设，紧贴文本教学不让课堂落于空泛；其次，这篇教学设计教学目标表述清晰、明确，学生所要达成的学习内容从文本出发的话是非常适合的。可惜教案设计的老师没有将学情呈现出来，其合理性也还存在考量；同时本课教学方法的使用也利于本课教学内容的推进。

然而此份教学设计有两大亮点：第一，教师立足于对课文脉络、层次的梳理了解文章描写的事件，理清课文逻辑；第二，从细节处学习写作手法的运用分析人物形象，让学生准确把握文章主旨。首先在第一课时设计时，老师确定好了“理清文章的思路，体会鲁迅对藤野先生的深切怀念”的目标后，在课堂设计中先做好检查学生预习情况，再做本文背景介绍。接着就开始带领学生将文章层次梳理出来，整体感知课文内容，这样的层次梳理能让学生走近文本，明白文章的行文逻辑。许多学生在自己预习的时候能够明白课文在描写老师，但是对课文包含的逻辑是较为模糊的，通过梳理，整理出来文章事件就能便于学生明白作者的写作思路。再次，通过生本对话以及师生对话从课文关键处、细节处来分析鲁迅先生笔下老师的形象，通过形象的分析、理解来感受鲁迅先生所表达之情。最后，确定本文的主旨大意。

从这份教学设计分析中我们可以看到，运用梳理文章脉络的方式教师在教学中能够把握好课堂的实施，同时学生在学习过程中也能够掌握阅读叙事散文的方法，是非常值得我们教学借鉴的。

二、美文、美导提升学生审美能力——《荷塘月色》案例分析

《荷塘月色》作为一篇抒情散文，被很多人熟知，不仅收录在中学语文课本中，大学语文教材中也有收录。它是一篇经典美文，教育家叶圣陶先生就曾说过，提到散文中的美文，就更应该提到它。朱自清先生运用了一系列精巧的艺术手法，给我们绘制了一幅美轮美奂的月下荷塘图。不仅让我们的想象空间得到了极大的发展，同时审美能力也在此过程中得到提升。审美能力是高中生应具备的语文素养中不可缺少的一项，运用这样一篇美文进行教学，有助于提升学生的审美能力。这篇课文非常优美毋庸置疑，审美便成为这篇散文教学的重要内容，如何让学生切身感受到美，使学生的审美能力得到有效提升，正是非常考验教师能力的地方。下面这则教学案例——《荷塘月色》教学部分片段的呈现，刚好可以供我们分析借鉴。

《荷塘月色》教学片段[①]：

听录音朗读，并注意体会其中的语言、思考如何划分层次。整体把握，明确结构，写出大意；

讲读课文第二部分。

总起：这是全文的主体部分，写出了荷塘月色之美景。第四段写月光下的荷塘。{写作顺序：荷叶→荷花（静态实写）→荷香→荷波（动态虚写），流水——虚写映衬。}第五段写荷塘上的月色。第六段写荷塘四周的景色。作者似乎在这样的环境中得到了一种安宁，但当他听到了热闹的蝉声与蛙声之后，突然觉得“热闹是他们的，我什么也没有”。现实无法给他一种理想的“宁静”，于是他便力求从想象中寻求。

（一）讲读第四节

指名同学朗读第四节，并画出本节的比喻句。

1. 作者依次写了哪些景物？用了哪些比喻？

先是写了叶子，出水很高，像亭亭的舞女的裙；接着写花，白色的，有袅娜地开着的，有羞涩地打着朵儿的，正如一粒粒的明珠，又如碧天里的星星。再接着是荷香，微风过处才能闻到缕缕清香，仿佛远处高楼上渺茫的歌声似的。最后还写到流水，流水脉脉，虽被遮住，不见其形，但留给我们的想象余地是极大的。

这里用了许多比喻有什么好处呢？我们先来看这一句：“叶子出水很高，像亭亭的舞女的裙。亭亭的舞女是些高挑有风姿的女郎。亭亭的舞女的裙更是给人一种美好、轻盈、动感的联想。”这一比喻生动地写出了荷叶出水很高的娇美姿态，洋溢着情趣。由此可见，贴切的比喻可以把要描绘的景物生动、具体地展现在读者的眼前，使人产生身临其境的感觉，使事物的特征更加鲜明具体，起加深印象的作用。

① 2019 年在 ×× 中学高一年级观摩的课堂教学实录。

2. 我们再来看这一句：微风过处，送来缕缕清香，仿佛远处高楼上渺茫的歌声似的。这一句与一般的比喻有什么不同？里面蕴含了几种感官感觉？

清香是嗅觉上的感觉，远处高楼上渺茫的歌声是听觉上的感觉。这两种不同感觉的相互沟通叫通感。把嗅觉中感到的香味换成从听觉中去感受、品味，使人产生了对香味的另一具体形象的感觉，变换欣赏的角度，有焕然一新、奇趣无穷之感。歌声是细柔飘忽，婉转渺茫的，荷香是时有时无、持续不断的。这两种感觉有相似之处，把它们联系起来，艺术的魅力也就出来了。但在运用这种比喻时，一定要注意掌握事物之间在感官感觉上的相似之处，或在特定环境下有这种沟通一气的感觉，做到妙不可言却不是故弄玄虚。

3. 作者不仅描绘了叶子、花、荷香的静态美，还描绘了它们动态的神韵。用了“颤动、闪电、霎时、传过”等词，传神微妙地写出了一刹那间，往往不被人注意的动态。这是作者用词的精妙之处。

[板书]:

田田（多）

荷叶

亭亭（美）

零星点缀、白（色）　形态美

荷 荷花 如明珠、如星星（光）

袅娜、羞涩（态）

塘 荷香：缕缕——仿佛远处高楼上渺茫的歌声

像闪电（快）

荷波　　　　动态美

凝碧（色）

流水：脉脉（态）　静态美

（二）讲解第五节

指名同学朗读第五节，其他同学思考作者是如何写荷塘月色的。

1. 作者写月色时用了哪些动词？（泻、浮、洗）

2. 假如把“泻”改成“照”，把“浮”改成“升”，好不好，为什么？

（当看到“照”字你不会想到流水，而“泻”字唤起了人们对流水的想象，巧妙地写出月光流动轻柔的情态，化静为动，“照”字就显不出这种效果，显得呆板。“浮”同样写出一种轻柔的动态，“升”则失之轻柔。）

3. 在这里作者用了静态动写的描写，把画面写活了。“月光如流水”“静静地泻”下来，这具有一种恬静的力度美，而青雾则是薄薄地浮起在荷塘里，朦朦胧胧地四处泛散开来，呈现迷茫空蒙的景象，一上一下交结在一起，便是成了牛乳和轻纱。大家想象一下，牛乳和轻纱，自上而下的月光，自下而上的轻纱，是不是很美又很形象？

[板书]：

（正面）月光泻——轻柔

月色青雾：浮、轻纱的梦光与景的和谐

（反面）（侧面）黑影、倩影

（三）讲读第六节

请全班学生朗读第六节，这一节重点在写树，从方位、距离、高低几个角度来写，视线由荷塘内部扩展到荷塘四周。树多而密，重重围住荷塘，与前面的“幽僻”相照应，这是总写四周，接着写近处的树色、树姿、远处的树梢上的远山、又回过头写树缝里的灯光、树上的蝉鸣和水里的蛙声，层次分明，富有立体感，再一次展示出清淡朦胧、宁静深远的环境特点。最后一句“但热闹是他们的，我什么也没有”笔锋一转，流露出了作者内心的空虚与哀愁。

[板书]：

树：重重、阴阴（沉郁）

远山：隐隐约约

四周 灯光：没精打采（月色迷离）

（ 自远而近）蝉鸣、蛙叫

（四）总结

第二段着重写荷塘月色的优美景象。有勾勒，有细描，有渲染，有衬托，灵活多样，井井有条。特别是语言运用得准确生动，有神韵，流露出作者淡淡的喜悦、淡淡的哀愁与苦闷。

作业：

1. 背诵课文第四、五自然段；

2. 理解文章运用的“通感”修辞手法；

……

从这则教学案例中看到，教师通过问题回答、诵读、品味、写作手法解析学习等方式巧妙地引导，从而唤醒了学生的审美体验。老师在对教学内容的把握尤其是重点教学内容的教学时，运用提问的方式作为教学实施的主要方法，这样非常方便教师在课堂教学中将教学内容落实到位。教师通过提问学生，激发学生的兴趣，产生动力去思考文章结构、语言文字学习与鉴赏、思想感情以及审美能力的提升，教师用简单的方式、奇妙的引导让学生完成了较为困难的文章理解以及对散文的鉴赏、审美能力的提升，这是值得我们借鉴的地方。

教师在讲解课文时，首先让学生梳理文章脉络，通过留意起承转合的词语把文章内容理解明白。接着把教学的重点内容放在了品味语言美，对学生进行审美教育上，引导学生关注作者写景，将更多的注意力放在写叶子、写月色，却用“泻”之类的动词，教师的意图就是让学生通过对此类问题的关注，理解作者视点的转变与写景的顺序，感受作者通过叶子表达出来的视觉和听觉美，将动静结合，从而产生立体化的美。对于“泻”字运用的质疑，带学生披文入情，感受月色的柔和与朦胧感，体会作者刻画出的意境之美。教师经过这样一系列问题的引导，不仅使学生掌握了散文中关于美的描写方式，同时自己在课文理解中的美感也得到了升华，明白了什么是美景、怎么描写美景，审美的能力自然就随之提升了。运用简单的引导方式让学生自己思考理解，这样人文性与工具性的统一，就结合得恰到好处。教师还运用到诵读的方式让学生与文本的接触更加密切，不仅学生自己在读的过程中有新的感受，而且教师也可以在课堂上及时了解学生对课文的掌握情况，进而更好地创造条件让学生理解文本。而在本课中有许多的写作手法在教学设计中已经计划让学生学习掌握，若是能再尝试让学生读写结合，把内化的知识外显出来，那么教学效果会更佳。

由此可见，文体意识对现代教学内容的选择有着极为重要的意义。在抒情散文教学中，教师经常感觉难，其实难的不是怎么教，而是难在对“教什么”把握不住。只有明确了“教什么”“怎么教”也就有了方法可循，现代散文文本内容的美也就有了凭借，那么在教学过程中语文味也就自然产生了。

附：中学现代散文教学案例

初中语文现代散文教学案例

《紫藤萝瀑布》教学设计

学习目标

1. 追踪作者的心灵轨迹，感悟生命的美好和永恒。

2. 学习写景状物的写作手法。

课时：1 课时

教学过程

导入

海子说过，我愿面朝大海，春暖花开，周游世界，今天，就让我们在著名女作家宗璞的引领中去感受花的世界：枝繁叶茂，郁郁幽香的紫藤萝，去倾听生命的歌唱。请看课文《紫藤萝瀑布》图片，欣赏配乐。

板书

紫藤萝瀑布

宗璞

一、默读课文

注意文中的生字读音和朗读的停顿。

二、检查学生预习情况

1. 指明学生朗读课后读读写写的词语。

挑逗　　忍俊不禁

2. 思考：

解题：这篇课文的题目是“紫藤萝瀑布”，题目为什么加上“瀑布”两个字？运用了什么修辞手法？

（说明花开得怎样，即花的繁茂、花藤之长，运用比喻，形象生动。）

3. 思考：

面对茂盛的紫藤萝，作者感悟到什么样的人生哲理？（合作探究、分组讨论）

（花和人都会遇到各种各样的不幸，但是生命的长河是无止境的。）

三、感知课文

（一）小组合作、品味探究

1. 请同学们思考文中哪个段落用精细笔墨描写紫藤萝炫人眼目的美丽？请找出最能体现作者感情基调的句子，理清作者的感情变化脉络。（在文中画出来）

（流着流着，它带走了这些时一直压在我心上的焦虑和悲痛……有的只是精神的宁静和生的喜悦。）

2. 面对紫藤萝瀑布，作者感情为什么会有那样的变化？请联系背景材料，谈谈你的理解。

图片展示背景材料（略）

3. 十多年前的紫藤萝是怎样的？作者为什么还要写十多年前的紫藤萝？

(第八自然段:它依傍一株枯槐爬得很高，但花朵从来都稀落，东一穗……改种了果树。)

（既与现在的紫藤萝形成对比，又写出了紫藤萝的历史变迁。）

（二）自主探究

1. 紫藤萝有过怎样的变迁？作者为什么会对紫藤萝产生这样浓厚的感情？请在文中用横线画出来。

（“十多年前”……紫藤萝花又盛开了。）

（三）拓展延伸

1. 作者通过紫藤萝的变迁，联想到什么？

（类似国家命运、家庭境况和人生际遇。）

（紫藤萝的命运，从花儿稀落到毁掉，再到如今繁花似锦，正是十几年来整个国家命运的写照和象征。）

感悟：在这里，作者面对紫藤萝，发出了这样的思考。其实讲的就是，个人遭遇不幸其实没有什么，要把个人的不幸放到大的环境中去考虑。事物总是会向好的方向发展，新的事物肯定会代替旧的事物，生命不断地延续，历史的车轮总会不断地前行。这个不由得让老师想到了白居易的“沉舟侧畔千帆过，病树前头万木春”。

▲花和人的不幸是暂时的、有限的，生命的长河才是无限的。面对生命的流淌，人们不应悲观，而应该以乐观的态度汇入到生命长河中去，应该永远对生活充满信心。

▲人生不是一帆风顺的，有阳光也有风雨。当遭遇不幸的时候，我们不能被困难吓倒，应该以乐观的态度笑对人生，战胜不幸。

▲不管生命中有多少磨难挫折，我们都要顽强地生活下去。

（四）文章主旨（略）课件展示

1. 思考：文章结尾有什么意义和作用?

明确：“我”被紫藤萝的生命力所感染和催促，决定尽快投身到生活中去。照应开头，深化主题。

板书：

——看——花（1~6）

——忆——花（7~9）　　　花——人——生命

——悟——花（10~11）

四、课堂练笔

联系生活，细心观察一种花或草，边看边思考，写一篇关于对生命、对人生感悟的写景抒情文章。

附：课后反思

《紫藤萝瀑布》是七年级第五单元第一课，根据单元的目标要求，结合课文内容，我制定了本课的三个教学目标：1. 默读课文，理解课文主要内容；2. 品析文中 1~6 段对紫藤萝的描写，学会用生动、优美的语言写景状物，感知紫藤萝花的形象；3. 重点解读作者对紫藤萝花的思想感情及对人生的独特感悟。

在教学中，根据对这篇课文的理解，先给学生 5 分钟时间默看课文，学生依据导学案提示完成练习要求、独立思考，让他们小组相互讨论、相互评价，并且从中学到一些自己没思考到的东西，改变传统教学模式那种期待老师最后给个正确答案的思维，学生会养成思考的习惯，体会思考后的感受——我也可以的呀；然后引导学生重点体会 7~9 段，看作者怎样在由花及人的描写中睹物释怀，物我交融的——心的焦虑和悲痛化为精神的宁静和喜悦；最后引出作者的感悟：花和人都会遇到各种各样的不幸，但是生命的长河是无止境的（朗读），完成课文教学。

《紫藤萝瀑布》作为一篇优美的状物抒情散文，宗璞以她特有的优雅柔弱与坚强挺立，完美地呈现在她的人生上，这是我的感动之源，她始终轻声低语，在淡淡的美丽中传递铿锵力量：大自然的顽强与美好，教人读懂生命；作者的淡雅与冲和，教人读懂生活。

新基础教育理论中提出："把课堂还给学生，让课堂焕发生命的活力，使课堂成为培养学生自我教育能力的最好场所。"根据这一点来设计本课，但是发现在教案的设计上面还是存在一些问题的，以至于课上完之后，教师自己都感觉到似乎在该给学生尽情发挥的地方却未让学生好好发挥，比如，教学实际的第一个问题——赏析写景。学生们就很有表达欲望，也很想写写景，但自己怕完成不了教学任务，所以快速收场。

上好一堂课，实属不易。通过这一堂公开课及公开课前的教学活动：教学的设计、课前会议、修改教案和现在的反思，发现自身存在的很多问题，但是收获也颇多。"山重水复疑无路，柳暗花明又一村"，相信在专业发展的路上，只要继续探究、思索、前进，一定能有"柳暗花明"的一天。虽然也知道对实际的课堂教学把握不尽如人意，但这堂课值得思考的就是：在一堂课的把握上，究竟该怎样设计，制定什么样的教学目标，最后又究竟生成了什么样的教学效果。

总之，学习《紫藤萝瀑布》，引导学生用自己的方式去拜访了作者，走进了紫藤萝的心灵，从作者回忆紫藤萝花的不幸的过去和现在的繁盛所形成的对比中，去感悟生命的永恒和美好。也许，这种方式可能不是很好，但它却是教师自己对语文课堂探究的又一次尝试。

高中语文现代散文教学案例

《我与地坛（节选）》教案

教材分析：

《我与地坛》是统编教材语文必修上册第七单元的一篇当代散文。本单元是"文学阅读与写作"任务群中的散文单元。围绕"自然情怀"这一核心，意在引导学生感受文人笔下的自然景观，关注作品中的自然景物描写和人生思考，激发对自然的珍爱之心和对生活的热爱之情。

这篇文章是散文名篇，内容上以写景抒情为主，兼及叙事和议论。学习时要学会分析、把握观察和表现自然景物的角度与艺术手法，看看作者是如何抓住典型特征的，另外，好的写景散文往往都融入了作者的思想感情，学习时要注意引导学生体会和学习文中情景交融、情理结合的特点。

教学目标：

1. 通过对地坛景物特点的分析，理解地坛对史铁生产生的影响，以及史铁生在此体悟到的生命哲思；

2. 通过对母亲行为的解读，感悟母爱的体贴与深厚，以及史铁生对母亲的迟到的理解。比较地坛形象与母亲形象，把握二者对于史铁生的共同意义。

教学重点：通过对地坛景物及其变化的特点分析，理解史铁生对生命的思考，以及对母亲的怀念。

教学难点：理解史铁生由地坛所体悟到的生命哲思。

教学方法：探究式、互动式、启发式、体验式

学情分析：

我们的学生刚由初中进入高中，虽然在初中阶段已经接触到关于生命的题材文章，对于史铁生的人生经历也有一定的认知基础，但由于年龄小生活阅历不足，对人生的苦难体验和认识不足，所以在阅读文本时可能产生一定的沟通和体验阻碍；而且就思维发展程度来说，对于哲理性语言的深层含义，学生理解起来也可能有一定的难度；相对来说，对第二节母爱内容的理解反而会因为更有生活体验而显得容易一些，但如今学生感恩意识淡薄，又处于青春逆反期，对母爱亲情体悟缺乏，所以，对刚进入高一的孩子，很有必要结合课文，进行亲情的教育。怎样在 45 分钟里让学生读懂文章并有所收获，完成对这篇文章比较深刻的解读，选择正确有效的学习方法是确保实现教学目的的关键。

课前预习：

完成学习任务单内容。

教学课时： 2 课时。

知识链接：

春天是卧病的季节，否则人们不易发觉春天的残忍与渴望；夏天，情人们应该在这个季节里失恋，不然就似乎对不起爱情。

《我与地坛》

窗外的小花园里已是桃红柳绿，二十二个春天没有哪一个像这样让人心抖。我已经不敢去羡慕那些在花丛树行间漫步的健康人和在小路上打羽毛球的年轻人。我记得我久久地看过一个身着病服的老人，在草地上踱着方步晒太阳——只要这样，我想只要这样！只要能这样就行了就够了！我回忆脚踩在软软的草地上是什么感觉，想走到哪儿就走到哪儿是什么感觉，踢一颗路边的石子，踢着它走是什么感觉。没这样回忆过的人不会相信，那竟是回忆不出来的！

我终日躺在床上一言不发，心里先是完全的空白，随后由着一个死字去填满。

《我二十一岁那年》

双腿瘫痪后，我的脾气变得暴怒无常。望着天上北归的雁阵，我会突然把面前的玻璃砸碎；听着李谷一甜美的歌声，我会猛地把手边的东西摔向四周的墙壁。

《秋天的怀念》

第一课时

一、导入

1.同学们：你们最喜欢哪个季节？

2.出示“知识链接”。（是谁说的？你了解“我”吗？文章是在什么时候写的？21岁残疾人的心理感受是什么？）

3.知人论世。

教师小结：让学生感悟21岁残疾人的心理感受（绝望、消极）。

作者、背景链接：

（1）轮椅作家——史铁生

(1951年1月4日—2010年12月31日)，原籍河北涿县，1951年出生于北京，1967年毕业于清华大学附属中学，1969年去延安一带插队。因双腿瘫痪于1972年回到北京。后来又患肾病并发展到尿毒症，需要靠透析维持生命。自称是“职业是生病，业余在写作”。史铁生创作的散文《我与地坛》鼓励了无数的人。2002年获华语文学传媒大奖年度杰出成就奖。曾任中国作家协会全国委员会委员，北京作家协会副主席，中国残疾人协会评议委员会委员。2010年12月31日凌晨3点46分因突发脑溢血逝世。

作品有《我的遥远的清平湾》《插队的故事》《夏日的玫瑰》《合欢树》《务虚笔记》等。

（2）写作背景

作者是在双腿残废的沉重打击下，在找不到工作，找不到去路，忽然间几乎什么都找不到了的时候“走”进地坛的，从此他与地坛结下了不解之缘，此后的15年间，“就再没长久地离开过它”。作者似乎从这座历经400多年沧桑的古园那里获得了某种启示，汲取了顽强生活与奋斗的力量。地坛使史铁生学会了平和豁达地对待生死，解决了为什么要出生的问题；他的母亲使他找到了生存的意义，解决了怎么活的问题。“地坛”“母亲”都给过史铁生生命的启示，于是作者写了这篇文章。

二、教学过程

任务一：走近“我”

1.要求学生在文段中找出描写“我”状态的句子（主要在第五段）。

·十五年前的一个下午，我摇着轮椅进入园中，它为一个失魂落魄的人把一切都准备好了。

·两条腿残废后的最初几年，我找不到工作，找不到去路，忽然间几乎什么都找不到了，我就摇了轮椅总是到它那儿去，仅为着那儿是可以逃避一个世界的另一个世界。

失魂落魄、颓废

2.“我”思考了什么问题？找到这些问题的答案了吗？

（1）思考的问题：

①我一连几小时专心致志地想关于死的事，也以同样的耐心和方式想过我为什么要出生；

②剩下的就是怎样活的问题了。

（2）问题的答案：(坦然豁达面对生死)

①这样想了好几年，最后事情终于弄明白了：一个人，出生了，这就不再是一个可以辩论的问题，而只是上帝交给他的一个事实；上帝在交给我们这件事实的时候，已经顺便保证了它的结果，所以死是一件不必急于求成的事，死是一个必然会降临的节日。这样想过之后我安心多了，眼前的一切不再那么可怕了。

②这却不是在某一个瞬间就能完全想透的、不是一次性能够解决的事，怕是活多久就要想它多久了，就像是伴你终生的魔鬼或恋人。

3.残疾、绝望、消极的史铁生最后没有选择死，是什么让他获得了对生命的感悟？

· 地坛

任务二：走近“地坛”

地坛：

地坛又称方泽坛，始建于明代嘉靖九年(1530)，为北京五坛中的第二大坛，坐落在安定门外东侧，与天坛遥相对应，与雍和宫、孔庙、国子监隔河相望。地坛是一座庄严肃穆、古朴幽雅的皇家坛庙，是明清两朝祭祀“皇地祇神”之场所，也是中国最大的“祭地”之坛。

1. 找出描写“地坛”的文段，并勾画相关的句子，赏析其景物描写。

在第一部分中的第 1、3、5、7 段。

第 3 段：“剥蚀”“淡褪”“坍圮”“散落”→荒芜（板书）；

第 5 段：“竞相生长”“片刻不息”→并不衰败（板书）；

第 7 段：六个“譬如”。

2. 作者笔下“荒芜并不衰败”的地坛中有很多小动物，为什么能使作者产生对生命的感悟？

第 5 段：蜂儿、蚂蚁、瓢虫、蝉蜕、露水

景物特点	生命启示
(1) 蜂儿：“稳稳地”	生活得优雅、淡定、从容
(2) 蚂蚁：①“摇头晃脑”“捋着触须”； ②“转身”“疾行”	①生活得快乐、悠闲、自在； ②说明它充满活力，充满信心，有目标

(3) 瓢虫：先是“爬”，接着是“祈祷”，最后是“升空”	按自己的方式，过自己想过的生活，无拘无束，自由，靠自己的力量行动来改变自己的生活轨迹
(4) 蝉蜕：“寂寞如一间空屋”	要获得重生、新生，需要耐得住寂寞，必须像蝉一样经历蜕壳的煎熬
(5) 露水：“摔开万道金光”	虽微小、短暂，但即使面临死亡也精彩度过，而不是消极等死

第 7 段：师生合作朗读文中的景物描写。

譬如祭坛石门中的落日，寂静的光辉平铺的一刻，地上的每一个坎坷都被映照得灿烂；

譬如在园中最为落寞的时间，一群雨燕便出来高歌，把天地都叫喊得苍凉；

譬如冬天雪地上孩子的脚印，总让人猜想他们是谁，曾在哪儿做过些什么、然后又都到哪儿去了；

譬如那些苍黑的古柏，你忧郁的时候它们镇静地站在那儿，你欣喜的时候它们依然镇静地站在那儿，它们没日没夜地站在那儿，从你没有出生一直站到这个世界上又没了你的时候；

譬如暴雨骤临园中，激起一阵阵炽烈而清纯的草木和泥土的气味，让人想起无数个夏天的事件；

譬如秋风忽至，再有一场早霜，落叶或飘摇歌舞或坦然安卧，满园中播散着熨帖而微苦的味道。

这一部分的景物描写同时也是史铁生对生命的解读。地坛在不断的变化中显现出永恒的一面，让“我”感受到生命的力量和永恒。地坛上不断上演着季节的离去与来临；所有这一切都见证了生命本身的律动的真实。地坛容纳“我”也是因为：荒芜并不衰败，生命永恒。

[衔接：同一地方同一个人不同时间有不同的感受，这都是受到人的情感影响的，这就是“融情于景，情景相生”。我们写作文，尤其是散文时，一定要注意情景交融，借助景物的描写来表现人物的情感，效果更好。]

三、拓展延伸

如果缺憾和苦难不可避免，那么一个人该如何面对生活？（结合具体事例，谈谈你对生命中苦难的看法。）

1. 张定宇：获得“人民英雄”国家荣誉称号。

武汉市金银潭医院院长，渐冻症患者，疫情期间义无反顾、冲锋在前、救死扶伤，为打赢武汉保卫战做出重大贡献。他曾说："我必须跑得更快，才能从病毒手里抢回更多病人。""我特别珍惜每一点儿时间，每一刻，每一会儿。我愿意和大家在一起。我愿意和空气、阳光在一起。"

2. 杨秋霞：2021 残奥会羽毛球首金获得者。

生命就是这样一个过程，一个不断超越自身局限的过程，这就是命运，任何人都是一样，在这个过程中我们遭遇痛苦，超越局限，从而感受幸福。

——史铁生

四、课堂小结

史铁生："死是一件不必急于求成的事，死是一个必然会降临的节日。"

与其提前奔赴这必然的结果，不如好好拥抱活着的精彩。

五、布置作业

当代女作家池莉有篇小说题名《冷也好热也好活着就好》，如今的社会有人喊生存日艰，有人说要提升生活的质量等。请联系实际，写一篇不少于六百字的作文展现你对目前高中生生存状态的一点思考。

板书设计：

地坛		我
古园荒芜	同病相怜	双腿残废
荒芜并不衰败		残废不能颓废
形体改变 精神不变		直面苦难 勇敢抗争

第二课时

一、导入

在我和地坛的故事当中，还有一个曾经被"我"有意忽略的身影——母亲，母亲和地坛之间又发生过怎样的故事呢？阅读文章第二节，说说作者一共回忆了母亲和地坛的哪几件事？

二、教学过程

任务一：

1. 作者笔下的母亲的爱有什么特点？"我"的母亲是个怎样的母亲？

（第 9 段）"她不是那种光会疼爱儿子而不懂得理解儿子的母亲。"从这一段可以看出她确实是很理解儿子的，她料想"我"不愿意和她一同去，所以她从未要求过我；而把等待的煎熬留给了自己，独自承受痛苦的折磨，所以说她是一位勇敢、善良、伟大的母亲。

（第10段）"在那段日子里……这样一个母亲，注定是活得最苦的母亲。"每个人都有这样一个母亲，总想把最好的留给自己的子女，情愿自己苦，自己累，甚至付出生命；然而这往往又是不能的，也正是这些往往不能的事情看出母亲承受的不是一般的痛苦，而是双倍的悲伤与担忧，但她却又不表露，正如文章中所说的：她是聪慧的，坚韧的。

“我”上地坛，母亲“送”；“我”在地坛，母亲 “找”，她走遍整个园子惶急地寻找儿子，看到儿子后，却悄悄走开。儿子给母亲的难题不仅是肉体上的，也是精神上的。一方面看护、呵护儿子，另一方面又要把思考、选择生活道路的权利最大限度地交给儿子自己。

（第 13、14 段）“只是到了这时候……母亲不能再来这园中找我了。”

2. 母亲的形象。

这是一位既疼儿子又理解儿子的母亲；

这是一位坚忍的母亲；

这是一位活得最苦的母亲；

这是一位不幸的母亲；

这是一位不张扬爱的母亲。

任务二：

1. 母亲如此爱“我”，残疾后的“我”一开始理解母亲吗？找出相关句子简要分析。

2. 母亲的离世让“我”的情感发生了怎样的转变？

因为母亲去世之后，“我”才懂得母亲的苦难和伟大，因此作者对母亲的感情可以说充满了深深的歉意、遗憾和无尽的悔恨，这种深情从哪些语句可以看出？这一部分从头到尾字里行间都蕴含这种感情，我们集中来看第 7 段。

这一段，有一句话重复三次，但一次比一次强烈，是这样写的：

“母亲已经不在了”“可是母亲已经不在了”“母亲不能再来这园中找我了”。

这段中，充满了怀念与痛悼、沉郁和哀怨。（请同学再读一遍第 14 段）

母亲的一生给“我”的启迪：对于一个深深陷入苦难的人来说，单靠自我对生命的理性认识是不够的，使作者能超越苦难的更为强大、恒久的力量便是母爱。从母亲的身上作者读懂了“她艰难的命运，坚忍的意志和毫不张扬的爱”。为所爱的人承受一切苦难，为所爱的人献出一切爱，坚定地生活下去。母亲的爱、母亲的意志、母亲的命运、母亲的苦难，让“我”明白了生存的意义、生存的价值，也让“我”在逆境中更加坚强，找到了一条通往幸福的道路。如果没有母亲的爱，也许作者就走不到今天了。母爱使他在追寻生命意义的路途上找到了答案，所以，母亲是史铁生人生的路标。

我们能感受到母亲的这种对待生活的态度，本身就启示着“我”要勇敢地活下去。

三、拓展延伸

清末学者王国维说：“真正的文学在于能给人心灵的慰藉，拓展人的精神空间。”我们被这伟大的母爱感动了，在座的同学们，我们平时是否意识到了母亲对我们默默的爱呢？我们该怎么做呢？请同学们分享自己和母亲之间的故事。

教师小结：或许越是司空见惯的东西，我们越容易忽略，母爱又何尝不是如此呢？更多的时候我们把母亲的关心理解成唠叨，把母亲的严厉理解成教条。我们总是不能理解，为什么在物质丰富的今天，母亲仍没有学会享受生活？或许，选择了做母亲，就注定了要选择付出与牺牲！其实，正是这份付出与牺牲，才真正体现了做母亲的责任，更体现了做母亲的伟大。

四、课文总结

文章前后两个部分，一写地坛，一写母亲，文中的母亲与地坛融为一体。一个让作者感悟生命应该坚强、豁达；一个让作者感受到爱并鼓起生活的勇气。

她们都是作者走向自强的精神源泉。

文中的母亲与地坛融为一体，都给过“我”生命的启示，地坛是虚化了的母亲，母亲是“我”心中永远的地坛。

地坛是古老苍凉而又生机勃勃的，是包容丰富而又沉静超然的，历史和自然在这里碰撞出一种厚重、博大的生命力量。它为“我”提供了不幸之中的另一个世界，也让“我”能够更加平和坚忍地看待人生。母亲同样是宽容、厚重，有一股强大的生命力的，她的陪伴与支持是“我”走出那段黑暗时光的关键因素，同时也教会了“我”坚忍的意志和毫不张扬的爱。

“我”的新生的力量不仅是地坛给予的，也是母亲的理解、支持、坚忍、期盼所赋予的。地坛不仅让“我”感知并理解了生命，也让“我”感知并理解了母亲的爱。它不仅是“我”的生命的慰藉所，也是母爱的纪念园，饱含着“我”对母亲的怀念与愧悔。

五、课后作业

回想父母的言行举止，用心灵解读父母的爱。运用细节描写，注重展示内心世界，注重抒情与议论，把父爱或母爱用心灵记录下来。

六、板书设计

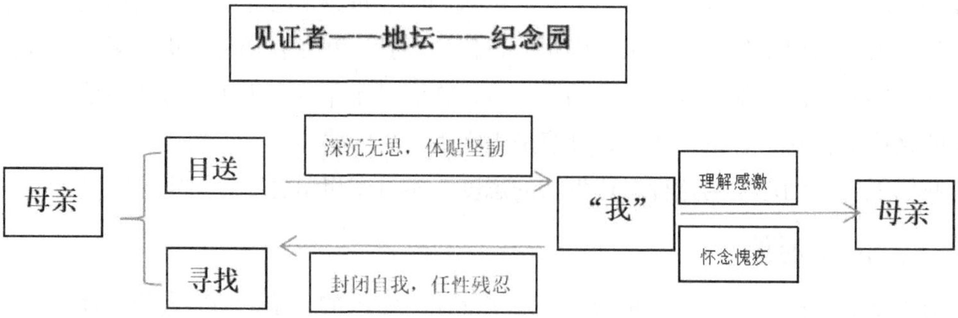

图 6-1 《我与地坛》板书设计

七、教学反思

《我与地坛（节选）》学习任务单

<table>
<tr><td>课题：《我与地坛（节选）》</td><td>课型：新授课</td><td>备课人：教研组</td></tr>
<tr><td colspan="2">【学习目标】
1. 通过对地坛景物特点的分析，理解地坛对史铁生产生的影响，以及史铁生在此体悟到的生命哲思；
2. 通过对母亲行为的解读，感悟母爱的体贴与深厚，以及史铁生对母亲的迟到的理解。比较地坛形象与母亲形象，把握二者对于史铁生的共同意义。</td><td rowspan="2"></td></tr>
<tr><td colspan="2">学　习　过　程</td></tr>
<tr><td colspan="2">一、【自主学习】

1. 给画横线的字注音。
荒芜（　　）　宿命（　　）　剥蚀（　　）　淡褪（　　）
坍圮（　　）　玉砌（　　）　亘古（　　）　撅（　　）　杈（　　）
捋（　　）　蝉蜕（　　）　窸窸窣窣（　　）　嘈杂（　　）
雕琢（　　）　熨帖（　　）　猝然（　　）　余暇（　　）
步履（　　）　狼藉（　　）　隽永（　　）　恪守（　　）

2. 作家简介：

3. 写作背景：

二、【学习任务】

（一）学习任务一：走近“我”

1. 课文中节选的两部分各写了什么？</td><td>【方法总结】

【我的疑问】</td></tr>
</table>

2. 阅读第一节，在文中找出描写关于“我”状态的句子。 3. 残疾、绝望、消极的史铁生最后没有选择死，是什么让他获得了对生命的感悟？ **（二）学习任务二：走近“地坛”** 找出描写“地坛”景物的文段，勾画相关的句子，并赏析景物（特点）描写。 **（三）学习任务三：走近“母亲”** 1. 阅读第二节，作者笔下的母亲的爱有什么特点？“我”的母亲是个怎样的母亲？勾画相关词句并做简要分析。 2. 母亲的离世让“我”的情感发生了怎样的转变？请找出相关句子简要分析。 三、**【拓展延伸】** 1. 如果缺憾和苦难不可避免，一个人该如何面对生活？结合具体事例，谈谈你对生命中苦难的看法。 2. 我们被这伟大的母爱感动了，在座的同学们，我们平时是否意识到了母亲对我们默默的爱呢？我们该怎么做呢？请同学们分享自己和母亲之间的故事。	【我的疑问】

高中现代散文二轮复习“句段作用”教案

教学目标：复习句段作用，掌握答题方法。

教学方法：以练代讲，学生自主学习、讨论总结。

预设时间：1 课时。

学情：理 9 班学生一轮复习散文是 10 月份，至此次适应性考散文题，基本是乱答，更有人答成小说题。虽是二轮，也按一轮顺序进行。本课时是在上一堂课复习了散文的分类和阅读方式的基础上进行的。

教学步骤：

一、学生阅读三篇散文并完成各次题目。

二、由易至难归纳答题方法。

复习《比邻而居》各题答案明确：

一、文章的叙述线索是什么？设置这一线索有什么作用？

气味。

以气味为线索，串联全文便于把不同的生活状态呈现出来；

以气味为线索，体现不同的生活风格，以便表达包容生活状态的思想。

请分析本文的行文思路。

答案：文章紧扣“比邻而居”行文，首先交代“我”家厨房灌满邻居家的油烟，然后在第②～④段详细描写第一家，从油烟灌满“我”家厨房，判断出第一个邻居家日常生活的特点，以及养病、恢复健康直至回到日常生活状态，第⑤段写一户新人住邻居家的生活特点，第⑥段写第三、四户人住邻居家的生活特点：最后在第⑦段，以“艾草味”掩盖了所有的气味表现不同邻居不同生活的共同点，突出“比邻而居”应理解和包容的主题。

（一）请思考讨论：

A. 如何整体把握散文结构思路的步骤？

整体分析散文结构思路 4 步骤

1. 明确题材，把握全貌

通过阅读，明确散文内容，是写人叙事、写景状物，还是阐发哲理，概括文章主要叙述了什么事情或者谈的是什么问题，不同的文章类型，行文思路应该有所不同。

2. 圈一圈点勾画，抓关键句

在阅读过程中，要特别关注文章的开头、结尾，每一段的起始句、收束句，这些地方往往被作者安排上中心句，以起到总领或收束内容的作用。

3. 标示段意，显露脉络

结合找出的中心句、关键句，归纳概括每一段的段意，这样就能把握文章的脉络，从而做到提纲挈领，总览全文。

4. 理清思路、把握结构

分析段落之间的内在联系，划分文章层次。重视具有前后衔接、勾连、照应作用的语言标志；重视有区分层次作用的标点符号，如分号、冒号、句号等。

B. 从哪几个角度分析散文中线索的作用？

1. 结构方面的作用：（1）组织材料，贯穿全文。（2）使结构清晰，情节集中。（3）使行文富于变化。

2. 内容方面的作用：（1）表达某种情感或思想。（2）揭示主题。（3）呈现某种情景或状态。

二、题目 3~4，羊吃草（西西）

1. 作者为何先写马牛驴吃草，再写沙丘和人，后写羊吃草？请从结构的角度分析。

答案：

①铺垫。写马、牛吃普通的草，驴吃割的草，为下文写羊吃多刺的草而感到惊奇做铺垫，写沙丘和人，为下文描写羊在沙丘上寻找草做铺垫。

②对比。其他动物吃草与羊吃草形成对比，突出了羊吃草的独特；沙丘的恶劣环境与羊的柔弱形成对比，突出了羊的坚强忍耐。

③推进。结构上起到了层层铺垫、推进的作用。

2. 作者在文中交替使用“我”和“我们”有何用意？请简要分析。

答案：

①视角更丰富（变换人称的原因）。以多种视角去关注羊吃草，表达自己的赞叹。②思考更深入（变换人称的效果），由个人的思考推及全人类的关注和思考。

（二）请思考讨论：

如何分析线索关联题和叙述人称题？请归纳方法。

3. 分析段落关联题

这类题主要是通过段落安排的先后顺序来考查考生是否真正抓住了段落之间的内在关联，是否真正掌握了全文的写作脉络。作答的核心是明确段落之间有怎样的关联。具体切入点：①结构与作者思路、行文线索的关系；②材料与中心主旨的关系；③材料与材料间的关系，要具体理解结构安排的意图。

4. 叙述人称题

散文的叙述人称不像小说那样丰富和富有变化，而是大都以第一人称叙述，其难点在于变换人称的原因和效果。解答此类题，除了要依据三种人称各自的特点与效果外，更多的是结合变换的具体内容来谈。如变为“你”“他”，这个“你”或“他”在文中指的是谁，作者改变叙述人称的表达需要是什么，如暗含情感态度的转变，改变呆板叙述等。

三、题目 5~7，燃烧的木棉花（杨春山）

1. 文章第①段写金沙江对描写木棉花有什么作用？请简要分析。

答：

金沙江是木棉花生长的环境，描写它也是从侧面描写了木棉花。

金沙江的奔流汹涌的壮美悠然徐行的柔美特点也能烘托出木棉花所具有的特点。

2. 请结合文本分析第⑧段在全文中的作用。

解析：从结构、情感等方面思考，不难看出存在“照应”“抒情”等方面的作用。

答案：

①内容结构上，写了作者对木棉花的怀念及木棉花对作者的人生路的陪伴，与标题相照应，也是对前面所写内容的总结。

②情感上，在前面的基础上，感情得到升华，自然地将木棉花与“乡村生活”乡愁相融合，并借物抒情、言志。

3. 有人认为文章最后一段作用不大，可以删去；也有人认为这一段很重要，不可删去。你认同哪一种观点？请说明具体理由。

解析：答题时，先要摆观点，再分析理由。可以从内容、结构等方面，结合文本的实际加以阐述。

答案：

(观点一) 不能删。

结构上，第⑨段说“我们在外行走时略显踉跄的脚步，和故乡的明媚春光里的木棉花遭遇之后，开始变得坚实”紧承第⑧段“陪伴着我们在人生的路途上不断跋涉、前行”而来，衔接顺畅自然。“被木棉花染红的春天”一句还有点题的作用。

内容上，这一段反复出现“幸福”一词，是对前一段写“怀念”木棉花的感情的升华，丰富了内容，深化了主题。

(观点二) 可以删。

内容上，第⑧段反复强调“我”对木棉花的“怀念”，木棉花对“我”的“陪伴”，神完意足。第⑨段可以看作“陪伴”的表现之一，并没有给文章增添新的内容。

结构上，删去第⑨段后，文章在“陪伴着我们在人生的路途上不断跋涉前行”中结束，言简意赅，令人回味，避免了拖泥带水、画蛇添足之嫌。

（三）请思考讨论：

散文段落句子在文中的作用应从几个方面分析？

句段作用分析有 4 个角度。

内容主题：内容角度就是要考虑该内容对人物刻画、情感表达、基调奠定等方面的作用。主题角度可考虑对主题强化、深化、突出、提示等作用。

结构角度：可考虑设置悬念、做铺垫、伏笔照应、首尾呼应、结构完整，以起到承上启下等作用。思路角度可考虑暗示、揭示了什么样的思路等作用。

表达角度：不是所有的句段都有表达上的特点。如果特点较突出，则要从该技巧出发考虑渲染气氛、画龙点睛、对比衬托、象征等作用，也要注意表达技巧自身的作用。

读者角度：可考虑加深印象、激发情感、产生情感共鸣、深受启发、发人深思、催人想象、回味不尽、想象无穷等作用。

（四）本课讨论小结：

1. 散文句段作用题有哪些类型？ 2. 答题角度怎么思考？ 3. 如何规范书写答案？

根据位置：开篇、中间、结尾；点睛、插入引用，反复。

角度：内容上、结构上、表达上。

规范书写：先指出角度（概括），再结合文本词句分析论证。

设计反思：

担心内容过多，无法完成；

出题死板，担心答题方法不能举一反三；

希望得到专家老师的指点。

散文二轮复习“句段作用”导学案

班级：　　　　姓名：

学习目标：掌握句段作用答题方法。

学习方法：领悟、讨论、总结。

时间：1课时。

一、用勾画圈点方式阅读下面文字，完成题目1~2，并思考总结。

比邻而居（王安忆）

①装修的时候，有人提醒我，不要使用这条公共烟道，应该堵上，另外在外墙上打一个洞，安置排油烟机的管子。可是，我没听他的。好了，现在，邻居家的油烟就通过我家的排油烟机管道，灌满了厨房。

②我可以确定，我家厨房的油烟仅来自其中一家，因为油烟的气味是一种风格。怎么说？它特别火爆。花椒、辣子、葱、姜、蒜、八角，在热油锅里炸了，轰轰烈烈起来了。这家人在吃方面还有一个特征，就是每顿必烧，从不将就。时间长了，我对他们生出一些好感，觉得他们过日子有着一股子认真劲儿：一点不混。并且，也不奢侈。他们老老实实，一餐一饭地烧着，一股浓油赤酱的味儿，使人感到，是出力气干活的人的胃口和口味，实打实的，没有半点子虚头。在我的印象中，他们没落下过一顿。他们在吃的方面，一是有规律，二是很节制。这些，都给人富足而质朴的印象，是小康的生活气息。

③有一段日子，在一日三餐之外，这家人还增添了两次草药的气味。草药的气味也是浓烈的，扑一下进来，涌满了厨房。不知是因为草药气的影响，还是实际情况如此，一日三餐的气味不那么浓郁了。倒不是变得清淡，而是带些偃旗息鼓的意思，这段日子蛮长的，这么算吧，每周炖一次鸡汤，总共炖了四至五次。草药的苦气味和鸡汤的香味，是这段时间油烟味的基调。这也是认真养病的气味：耐心，持恒，积极，执着。

④之后，忽然有一天，我家的厨房里滚滚而来一股羊肉汤的气味。这就知道，他们家人的病好了，要重重地补偿一下，犒劳一下，倒不是吃得有多好，但它确有一种盛宴的气氛，带有古意。古人们庆贺战功，不就是宰羊吗？果然，草药味从此消遁，炖汤的绵长的气味也消遁，余下一日三餐，火爆爆地，照常进行。

⑤在较长一段稔熟的相处之后，我家厨房来了一个不速之客，那是一缕咖啡的香气。这是另一路的气味，和他们家绝无相干。它悄悄地，夹在花椒炸锅的油烟里，进来了。这是一股子虚无的气息，有一种浮华的意思在里面，和他们家实惠的风格大相径庭。因此，我断定，这又是一户新入住的人家，很没经验地，也将管子接进了烟道，又恰逢顺时顺风，于是，来到我家厨房凑热闹了。这一路的风格显然要温和、光滑一些，比较具有装饰感，唤起人的遐想。和它不那么实用的性格相符，它并不是按着一日三餐来，不大有定规，有时一日来一次，有时一日来两次，有时一日里一次不来，来时也不在吃饭的点儿上，而是想起了，就来，想不起，就不来，显得有些孱弱似的。而那先来的，从来一顿不落，转眼间，油烟全面铺开，又转眼间，油烟席卷而去，总是叱咤风云的气势。但是，有时候，夜已经很深了，那新来的，悄然而至。咖啡的微苦的香味，弥漫开来。

⑥气味终究有些杂了，可是泾渭分明，绝不混淆。你来我往，此起彼伏。再过段日子，又来了一个，显见得是苏锡帮的，气味特别甜，空气都能拉出丝来了。第四位又来了，它一方面缺乏个性，另一方面又颇善融会贯通。它什么都来：香、辣、酸、甜，大蒜有，大蒜粉也有，麻油有，橄榄油也有。于是，所有的气味打成一团，再分不出谁是谁的来路。我们这些比邻而居的人家，就这样，不分彼此地聚集在了一处。

⑦这一日，厨房里传出了艾草的熏烟。原来，端午又到了。艾草味里，所有的气味都安静下来，只由它弥漫，散开。一年之中的油垢，在这草本的芬芳中，一点点消除。渐渐地，连空气也变了颜色，有一种灰和白在其中洇染，洇染成青色的。明净的空气其实并不是透明，它有它的颜色。

（有删改）

1. 文章的叙述线索是什么？设置这一线索有什么作用？

2. 请分析本文的行文思路。

（一）请思考讨论：

A. 如何整体把握散文结构思路的步骤？

B. 从哪几个角度分析散文中线索的作用？

二、用勾画圈点方式阅读下面文字，完成题目3~4，并思考总结。

羊吃草(西西)

在吐鲁番，我看见了羊吃草。 防风林附近，有一座沙丘，丘上没有草，丘下四周，仍是一片灰泥色的细沙，仿佛戈壁滩到了这里，碎得如粉了。但这片沙地上，长满了丛生的矮草，展散着延蔓的枝条。一个男孩赶着一群羊来了。穿着藏青的汗背心、炭黑的长布裤、灰尘扑扑的白运动鞋，头上戴着一顶纯白的维吾尔族小圆帽。他赶着二三十只羊，有黑山羊，也有白绵羊。羊看见了草，立刻在沙地上散开，风卷残云似的噬啮起来。

我想引一头小羊走来这边，于是蹲下来，伸手去拔取草叶。一把抓到手里的竟是满掌的芒刺，好像握着一堆铁蒺藜。我迅速缩回手，手指火辣辣的，像中了蜜蜂针，无数的针。我看看这纤细瘦削的蔓草，难道它们是箭猪和刺猬？羊吃的竟是像玫瑰花茎那般多刺的植物。在此之前，我一直以为，羊和牛、马或驴子一样，吃的都是贴近地面的软嫩的短草。

它们愉快地吃着，像一部部锋利的剪草机，沙沙沙，草都吃进嘴巴去了，多么丰富的一顿下午茶！羊儿在草丛中从容地走来走去，仿佛它们四周不是尖锐的芒刺，而是如絮的棉花。它们真使我惊异呢。它们有一张怎样的嘴，是钢铁的吗？可以吞噬针似的草茎而不受伤！走在芒刺中，满是浓厚卷曲羊毛的绵羊，也许无所谓，可是只有短而薄的披毛的山羊，同样仿佛只在经过一片秧田。

南山牧场的公路面对着漫山遍野苍绿的松树。远方积雪的峰峦是天山。融化的冰块，汇成河流从我们面前的山坡下流过，许多人都奔跑到水边去了。过不久，又一一回来了，龇牙咧嘴地纷纷呼痛。说通往水边的路上，有一种草把他们刺得跳起来。他们之中不乏穿着坚厚的牛仔裤的人，但在草丛中跑过，仿佛有千千万万的芒针插在腿脚上。

后来，在到处丛生着小花小草的地毯似的大草原上，我们看见一种尺来高的植物，没有花，叶子细小狭短，茎枝上布满星形放射走向的小针叶。于是有人喊起来：“是这种草了，是这种草了！连那么厚的牛仔裤也能透过！”我仔细看去，这草就是沙丘底下羊们觅食的点心。

在乌鲁木齐，我也看见了羊吃草。

那时候，我们坐在天池上的游艇里，两岸是层层叠叠的山和松树。在向阳的山坡上，遍山隐隐地点缀着一点儿一点儿的白花，并且弯弯曲曲的，在山坡上呈现一个“之”字形。蓦地，白花缓缓地移动起来，我们才知道，山坡上的白点子不是花朵，而是羊群！头羊走在前面，横越过山腰，随后的羊都跟着那道白色的虚线朝更高的山顶漫步。

为了寻求更丰盛的草原，羊们居然能爬上那么高的山！我们抬头仰望山坡上的动物，仿佛它们不是羊，是鹰！

对于天山的风景，我们大多感到失望。天池是一座水库，但环境遭受了严重的污染：到处是故意摔破的玻璃瓶，花衬衫的游民提着声浪袭人的收音机……同游的人们仿佛都能听到彼此内心的沮丧，抑或是愤慨。然而，关于天山，我们其实又认识多少呢？我们不过到达了天池旁边的一个小角落，看见的也只是供游客驻足一阵的“名胜”，我们可曾攀过雪线，自己去寻找天山冰洁的雪莲？天池的水寒彻入骨，风凉冷如冰，人们纷纷披上了厚衣。山坡上的羊不用加衣。在这充满荆棘的世界上，它们不必穿戴甲胄，不必练就一身铜皮铁骨，但见它们摇摇摆摆、晃晃荡荡，以一个个软绵绵的身躯，在芒刺间悠然步行，安然度过。

3. 作者为何先写马牛驴吃草，再写沙丘和人，后写羊吃草？请从结构的角度分析。

4. 作者在文中交替使用“我”和“我们”有何用意？请简要分析。

（二）请思考讨论：

如何分析线索关联题和叙述人称题？请归纳方法。

三、用勾画圈点方式阅读下面文字，完成题目 5~7，并思考总结。

燃烧的木棉花（杨春山）

①在金沙江、怒江、澜沧江三江并流的地带，木棉花如一位清逸的隐士，不时把它孤傲的身影投射在江畔的某个地带。金沙江在高山峡谷里穿行。湍急时，江水激荡岸石，雷霆万钧，滚泻奔腾，形成了虎跳峡等壮美的奇观；平缓时，江水波澜不惊，莹碧如玉，悠悠徐行，衍生了金江古渡等柔和的景致。在一疾一缓之间，具有神性和自由意味的金沙江，让滇西北高原具有了重叠的层次和流动的质感。

②一条江的奔流，会让江岸承受无处不在的冲击，而一条江的静滞，会让江畔拥有云蒸霞蔚的江花。在金沙江沿线绽放的木棉花，聚成了一道绝美的风景。挺立在江岸边的木棉花树，不离不弃地依偎着金沙江，用自己的身影，点缀着江水的寂寞。有了木棉花的点缀，金沙江就拥有了明媚的色彩与春光。木棉花树的俊逸挺拔和金沙江的激情交织碰撞，滇西北高原停驻在人们的视野里。

③春会让木棉花隐忍了一年的生机在瞬间绽放，满树的鲜红与艳丽成就了木棉花，成就了它“英雄花”的称谓。一树木棉花，就是一树春天里绽放的火红与希望。有了木棉花娇艳的容颜，滇西北高原就有了亮丽的底色；有了木棉花的陪伴，一路奔行的金沙江就不再感到疲惫。在金沙江的穿行路线图里，始终有木棉花若隐若现的身影。

④除了金沙江边的干热河谷地带，在滇西北的一个个村庄里，木棉花树依然有着挺拔不凡的气度。在乡村，一只只在花朵旁驻足的小鸟，一只只在硕大花瓣里穿行的蜜蜂，会让木棉花变得更加生动和温情。五星形的花瓣，紧紧簇拥着蕊的花瓣，让木棉花充满了凝聚的象征意味。选择了乡村的木棉花，把自己的根深深扎进红土地里，用俊俏而大气的容颜，和村庄两相厮守。那些硕大而肥厚的花朵，在喧闹了春光之后，便会被摘下、晒干，成为味蕾上的诱惑。

⑤有了木棉花，乡村就拥有了另一副容颜。在木棉花树的绿荫下纳凉、聊天，或是做些手里的活计，是村人的最爱。爷爷在世时，曾守过生产队的窝棚多年，院里长着一棵高

大的木棉花树。每年春天木棉花如期绽放，他会把木棉花摘下，晒干后当作枕芯，或是用来做菜，让我们在儿时便享受到了来自木棉花的诱惑。这缕鲜香，至今让我回味，是我在外打拼的日子里不断的一缕乡愁。

⑥没有了木棉花，滇西北的金沙江肯定会失去不少美。河湾里的一树木棉花，倒映在河水里，与天空的云彩互相唱和；江岸边的一树木棉花，把笑脸展示在崖畔上，与山林中的飞鸟和鸣；村庄里的一树木棉花，用它的静默付出，温暖农人的朴素生活。给予、奉献、朴实、隐忍，是木棉花的气度，也应该是乡村的气度。

⑦木棉花始终在提醒着乡村，只有不断地弘扬美好，摒弃丑陋，才能获得踏实的幸福生活。木棉花的美，在目光所及之内，也在目光所及之外，当它的一树花朵开始凋零，褪去了原有的繁华，失去了原有的光泽，它作为美食的历程却才刚刚开始。我们的生命，也应该如木棉花一样，勇敢绽放。

⑧蛰居小城二十多年的时光里，我会在夜晚不时地怀念木棉花。怀念木棉花，其实也是在怀念曾经拥有的乡村生活与气度。那在味蕾上逐渐洇开的淡淡乡愁，那散发出木棉花瓣清香的睡梦，陪伴着我在人生的路途上不断跋涉、前行。

⑨被木棉花染红的春天是幸福的，有了木棉花的滇西北是幸福的。我们在外行走时略显踉跄的脚步，和故乡的明媚春光里的木棉花相遇之后，开始变得坚实，如同我们凝望故乡时的深情目光。

5. 文章第①段写金沙江对描写木棉花有什么作用？请简要分析。

6. 请简要分析第⑧段在全文中的作用。

7. 有人认为文章最后一段作用不大，可以删去；也有人认为这一段很重要，不可删去。你认同哪一种观点？

（三）请思考讨论：

散文段落句子在文中的作用应从几个方面分析？

（四）本课讨论小结：

1. 散文句段作用题有哪些类型？ 2. 答题角度怎么思考？ 3. 如何规范书写答案？

结 语

现代散文作为中学语文教材中的一种主导文类，在中学生的语文学习中无疑占据着重要地位，对于培育学生语文核心素养具有重要作用。更为重要的是，在很大程度上，我们今天的中学生仍然是以现代散文中所描绘出的或现实或美好的情境生活着的，所以容易产生共情、形成共鸣，进而自觉地去效仿那种生活状态，而培育爱生活、会生活的人，正是我们教育的意义所在。

我国的语文教育已经走过了百年的历程，它在给我们留下了很多宝贵经验的同时，当然也存在很多值得我们认真总结和反思的地方。本书即以语文教育中极为重要的现代散文教学为考察中心，认为我们在看到中学现代散文教学崭新气象的同时，也不应该忽视在现代散文课堂上出现的诸如模式化、雷同化等一系列问题。而更需我们警醒的是，很多中学语文教师在现代散文教学时，甚至对于该“教什么”和“怎么教”都不清楚，至于教学目标是否达成、能否找到有效手段予以检验等问题，则连自己也是懵懵懂懂的，由此导致更加严重的问题，比如，教学内容跑偏，进而可能教错了却不自觉，或者即使是明白自己教得不对，也找不到正确的方向及时予以更正。我们深知，中学语文的教学实施是具体而复杂的，教师看似面对固定的现代散文作品以及具体的学生组成的授课对象，但是在不同的时间、地点和环境之中，教学实施方案又会有所不同，所以必须对其加以合理的调整。因为教育面对的是活生生的人，僵化、刻板的教学内容自然不能满足教学的需要，不能适应发展变化的学生的学习需求，所以更迫切地需要找到合宜的确定现代散文教学内容的有效路径。现代散文的形式以及内容可以说是千变万化的，若不能够找到适切的教学内容与教学方法，那么现代散文的美育、智育等功能就会大打折扣，我们的教育教学实践就会走弯路、摔跟头，不能有效发挥课程育人、教学育人的重要功能。

探讨现代散文教育教学实践、研究现代散文到底讲了“什么”和我们应该“教什么”，让我们的中学语文课堂变得更加有效，也更具有“语文味”，如何努力培养和提高中学生的核心素养，都是需要我们语文教育界深思的话题。可喜的是，我们的部分教师在进行现代散文教学时出现内容偏差的情况，已经得到了现今一些教育研究者的重视，不少学者已经开始研究并着手解决这个问题。而笔者也力图对此话题做出一些努力，并尝试着就“教什么”提出一些个人的看法：对于中学现代散文教学内容的重构，还需立足于现代散文本身，而且教师一定要树立起文体意识，必须广泛深入地从传统散文教学中汲取有益的教学经验，从而深入解读散文文本，领悟作者的写作意图；在教学中，要注重对现代散文的整体结构分析，并且紧扣散文的主要特点进行教授；同时，教师还要发挥主导作用，将学生们引导好，从而构建起学生与文本的紧密联系，唤醒学生的审美体验；而且，在阅读教学现代散文的过程中，还需鼓励学生尽可能个性化地去读作品，通过阅读促进写作思维和能力的训练和提升，以期最终达到现代散文教学的目标，全面提高学生的语文核心素养，使学生能够在散文鉴赏中得到人文精神的“浸润”，理解生活，学会生活，热爱生活。

语文教育的有效与高效，是我们语文教育工作者的共同追求，所以在寻求语文教育真谛的路上，还需付出更多。同样，中学现代散文教学的有效与高效，也不是一朝一夕就能探索清楚并实现的。因此，如何结合语文课程标准、现代散文文体特点及学生学情，进而辅以合适的教学手段，让现代散文教学走上“正轨”，让教师“教有所乐”，让学生“学有所得”，携手探索语文的险峰与妙境，共同把握语文教育的魅力，这些也都是笔者乐此不疲的事。

参考文献

一、专著类

[1](美)贝斯特著,华东师范大学教育系\杭州师范大学教育系编译.教育的荒地[M].北京:人民教育出版社,1980.

[2]曹明海.本体与阐释:语文课程的文化建构观[M].济南:山东教育出版社,2011.

[3]曹明海.语文教育观新建构[M].济南:山东教育出版社,2007.

[4]曹明海.名师透视——语文教学智慧篇[M].济南:山东教育出版社,2008.

[5]陈隆升.语文课堂"学情视角"重构[M].上海:上海教育出版社,2012.

[6]程红兵.新语文课程论[M].上海:上海三联书店,2008.

[7]褚斌杰.中国古代文体概论[M].北京:北京大学出版社,2003.

[8]范培松.中国散文批评史[M].南京:江苏教育出版社,2000.

[9]范培松.中国散文史(上)(精)[M].南京:江苏教育出版社,2008.

[10]范培松.中国散文史(下)(精)[M].南京:江苏教育出版社,2008.

[11]方智范.理解与创新:人本中心的透视和解读[M].济南:山东教育出版社,2012.

[12]傅修延.中国叙事学[M].北京:北京大学出版社,2015.

[13]付琼.文学教育视角下的文学选本研究[M].南昌:江西人民出版社,2010.

[14]顾明远.中国教育大百科全书[M].上海:上海教育出版社,2012.

[15]贵志浩.话语的灵性——现代散文语体风格论[M].杭州:浙江大学出版社,2010.

[16]韩雪屏.语文课程知识初论[M].南京:江苏教育出版社,2011.

[17]江震龙.解放区散文研究[M].上海:上海三联书店,2005.

[18]教育部师范教育司.李镇西与语文民主教育[M].北京:北京师范大学出版社,2006.

[19]教育部师范教育司.于漪与教育教学探索[M].北京:北京师范大学出版社,2006.

[20]教育部审定.义务教育教科书·语文(7~9年级共6册)[M].北京:人民教育出版社,2016.

[21](英)克里斯特尔编,沈家煊译.现代语言学词典[M].上海:商务印书馆,2000.

[22](德)伽达默尔著,洪汉鼎译.真理与方法(下)[M].上海:上海译文出版社,1999.

[23](德)伽达默尔著,兰金仁译.批评的循环[M].沈阳:辽宁人民出版社,1987.

[24]赖瑞云.混沌阅读[M].福州:福建教育出版社,2010.

[25] 李杏保 , 顾黄初 . 中国现代语文教育史 [M]. 成都 : 四川教育出版社 ,2007.
[26] 李晓红 . 中国当代散文审美建构 [M]. 深圳 : 海天出版社 ,1997.
[27] 刘国正 . 实和活 : 刘国正语文教育文选 [M]. 北京 : 人民教育出版社 ,1995.
[28] 刘金镛 , 赵荫章等 . 中学现代散文分析 [M]. 济南 : 山东人民出版社 ,1980.
[29] 刘生良 . 鹏翔无疆——《庄子》文学研究 [M]. 北京 : 人民出版社 , 2004.
[30] 刘世生 , 朱瑞青 . 文体学概论 [M]. 北京 : 北京大学出版社 , 2006.
[31] 刘熙载 . 艺概 [M]. 上海 : 上海古籍出版社 ,1978.
[32] 刘永康 . 语文教育学 [M]. 北京 : 高等教育出版社 ,2005.
[33] 吕叔湘 . 吕叔湘论语文教学 [M]. 济南 : 山东教育出版社 ,1981.
[34] 林三松 . 写作艺术技巧辞典 [M]. 北京 : 北京出版社 ,1994.
[35] 鲁迅 . 鲁迅全集 [M]. 北京：人民文学出版社 ,1981.
[36] 马俊山 . 走出现代文学的“神话”[M]. 北京 : 中国社会科学出版社 ,2002.
[37] 南帆 , 刘小新 , 练暑生 . 文学理论 [M]. 北京 : 北京大学出版社 ,2008.
[38] 倪文锦 . 挑战与应答 : 语文教学科学化、艺术化的追求 [M]. 济南 : 山东教育出版社 ,2012.
[39] 倪文锦 , 王荣生 . 人文 · 语感 · 对话——王尚文语文教育论集 [M]. 上海 : 上海教育出版社 ,2010.
[40] 潘新和 . 新课程语文教学论 [M]. 北京 : 人民教育出版社 ,2005.
[41] 钱理群 , 孙绍振 , 王富仁 . 解读语文 [M]. 福州 : 福建人民出版社 ,2010.
[42] 人民教育出版社 , 课程教材研究所等编著 . 普通高中课程标准实验教科书 • 语文 (必修 1—5 共 5 册)[M]. 北京 : 人民教育出版社 ,2004.
[43] 申小龙 . 汉语与中国文化 [M]. 上海 : 复旦大学出版社 ,2008.
[44] 孙绍振 . 名作细读——微观分析个案研究 [M]. 上海 : 上海教育出版社 ,2009.
[45] 孙绍振 . 如是解读作品 [M]. 福州 : 福建教育出版社 ,2007.
[46] 孙绍振 . 文学创作论 [M]. 福州 : 海峡文艺出版社 ,2009.
[47] 孙绍振 , 孙彦君 . 文学文本解读学 [M]. 北京 : 北京大学出版社 ,2015.
[48] 孙绍振 . 批判与探寻 : 文本中心的突围和建构 [M]. 济南 : 山东教育出版社 ,2012.
[49] 孙绍振 . 直谏中学语文教学 [M]. 广州 : 南方日报出版社 ,2003.
[50] 佘树森 . 散文创作艺术 [M]. 北京 : 北京大学出版社 ,1986.
[51] 孙喜亭 . 教育原理 [M]. 北京 : 北京师范大学出版社 ,1993.
[52] 汤锐 . 比较儿童文学初探 [M]. 武汉 : 湖北少年儿童出版社 ,1990.
[53] 王泉根 . 儿童文学与中小学语文教学 [M]. 广州 : 广东教育出版社 ,2006.
[54] 王荣生 . 求索与创生 : 语文教育理论实践的汇流 [M]. 济南 : 山东教育出版社 ,2013.

[55] 王荣生 . 写作教学教什么 [M]. 上海 : 华东师范大学出版社 ,2014.

[56] 王荣生 . 新课标与“语文教学内容”[M]. 南宁 : 广西教育出版社 ,2004.

[57] 王荣生 . 阅读教学设计的要诀——王荣生给语文教师的建议 [M]. 北京 : 中国轻工业出版社 ,2014.

[58] 王荣生 . 语文科课程论基础 [M]. 上海 : 上海教育出版社 ,2005.

[59] 王荣生 . 语文教学内容重构 [M]. 上海 : 上海教育出版社 ,2007.

[60] 王荣生 . 语文教育研究大系・中学教学卷 [M]. 上海 : 上海教育出版社 ,2007.

[61] 王尚文 . 语文教育一家言 [M]. 桂林 : 漓江出版社 ,2012.

[62] 王尚文 . 语文教学对话论 [M]. 杭州 : 浙江教育出版社 ,2004.

[63] 王尚文 . 走进语文教学之门 [M]. 上海 : 上海教育出版社 ,2007.

[64] 王相文 , 韩雪屏 , 王松泉 . 语文教材研究 [M]. 北京 : 高等教育出版社 ,1999.

[65] 王益民 , 耿爱英 . 实用心理学原理 [M]. 济南 : 山东大学出版社 ,2000.

[66](美) 韦勒克 ,(美) 沃伦著 , 刘象愚译 . 文学理论 [M]. 北京 : 文化艺术出版社 ,2010.

[67] 吴隐林 . 当代文学散论 [M]. 南宁 : 广西人民出版社 ,2007.

[68] 韦志成 . 作文教学论集 [M]. 天津 : 新蕾出版社 ,1982.

[69] 夏丏尊 , 叶圣陶 . 国文百八课 [M]. 上海 : 生活・读书・新知三联书店 ,2008.

[70] 余映潮 . 听余映潮老师讲课 [M]. 上海 : 华东师范大学出版社 ,2006.

[71] 余映潮 . 余映潮讲语文 [M]. 北京 : 语文出版社 ,2008.

[72] 喻大翔 . 现代中文散文十五讲 [M]. 上海 : 同济大学出版社 ,2008.

[73] 叶圣陶著 , 中央教育科学研究所编 . 叶圣陶语文教育论集 [M]. 北京 : 教育科学出版社 ,1980.

[74] 叶圣陶，吕叔湘，张志公 . 语文教育论文集 [M]. 北京 : 开明出版社 ,1995.

[75](德) 伊瑟尔著 , 金元浦、周宁译 . 阅读活动 : 审美反应理论 [M]. 北京 : 中国社会科学出版社 ,1991.

[76] 张必隐 . 阅读心理学 (修订版)[M]. 北京 : 北京师范大学出版社 ,2004.

[77] 张鸿苓 . 语文教育学 [M]. 北京 : 北京师范大学出版社 ,1993.

[78] 张志公 . 语文教学论集 [M]. 福州 : 福建教育出版社 ,1981.

[79] 赵益 . 古典研究方法导论 [M]. 上海 : 华东师范大学出版社 ,2011.

[80] 郑桂华 . 语文教学的反思与建构 [M]. 上海 : 商务印书馆 ,2012.

[81] 周红莉 . 中国现代散文理论经典 [M]. 苏州 : 苏州大学出版社 ,2008.

[82] 周庆元 . 反思与追问 : 宏观视野下的语文课改价值取向 [M]. 济南 : 山东教育出版社 ,2011.

二、期刊论文类

[1] 王荣生，张孔义．语文教学方法与教学内容 [J]. 语文学习，2004(4).

[2] 曹明海，赵宏亮．教材文本资源与教学内容的确定 [J]. 语文建设，2008(10).

[3] 陈爱娟．《荷塘月色》"探究式"教学设计 [J]. 语文建设，2012(11).

[4] 陈臂．新世纪散文研究范式之建立 [J]. 南方文坛，2013(2).

[5] 谌东飚．古今散文研究中的散文观念及分类问题 [J]. 湖南工程学院学报，2001(12).

[6] 陈剑晖．论 20 世纪 90 年代中国散文的文体变革 [J]. 中国社会科学，2001(5).

[7] 陈林．浅议初中语文散文教学 [J]. 语文教学与研究，2013(2).

[8] 曹长顺．让学生走进散文——散文教学方法初探 [J]. 语文天地，2013(5).

[9] 董华翱．以写文章的方式备课：以《荷塘月色》为例 [J]. 语文建设，2013(2).

[10] 付建舟．中国散文文体的近现代嬗变 [J]. 湖南大学学报，2009(1).

[11] 何璐，王卫玮．浅谈散文教学中文体美的传达 [J]. 安徽文学（下半月），2009(4).

[12] 李海林．"三结合教学"初探 [J]. 语文教学论坛，1991(5).

[13] 李海林．语文教材的双重价值与教学内容的生成性 [J]. 语文学习，2004(3).

[14] 李晓虹．20 世纪散文文体发展及其文化蕴含 [J]. 广播电视大学学报，2000(2).

[15] 卢加贵．散文教学策略初探 [J]. 中学语文（大语文论坛），2013(4).

[16] 明学圣．确定散文教学内容的四个着力点：以《荷塘月色》为例 [J]. 上海教育科研，2012(5).

[17] 宁虹．重新理解教育 [J]. 教育研究，2001(11).

[18] 任玲．什么样的课是不好的课 [J]. 语文教学通（高中刊），2005(1).

[19] 孙绍振．从文体的失落到回归和超越——当代散文三十年 [J]. 名作欣赏，2008(12).

[20] 孙绍振．多元解读和一元层层深入——文本分析的基本理论问题 [J]. 中学语文教学，2009(8).

[21] 邵滢．知人论世与文学批评 [J]. 赣南师范学院学报，2010(4).

[22] 孙国成．提高理论研究的思维水平 [J]. 中学语文教学，1989(8).

[23] 王荣生，张孔义．语文教学方法与教学内容 [J]. 语文学习，2004(4).

[24] 王荣生．语文教学的主导文类何以是现代散文（上）——现代散文教学内容问题研讨的预备之二 [J]. 语文学习，2006(2).

[25] 王荣生．合宜的教学内容是一堂好课的最低标准 [J]. 语文教学通讯（高中刊），2005(1).

[26] 王荣生．根据学生学情选择教学内容 [J]. 语文学习，2009(12).

[27] 王荣生．解读"语文实践"[J]. 课程．教材．教法，2006(4).

[28] 王尚文．论文学素养 [J]. 新语文学习，2007(3、4 期合刊).

[29] 汪潮．读写结合的历史追溯 [J]. 小学语文教学，2002(3).

[30] 卫朋飞 . 审美教育在散文教学中的运用 [J]. 新疆教育 ,2012(3).

[31] 许燕 . 审美视角下的高中散文教学 [J]. 语文天地 ,2013(17).

[32] 肖建云 . 百年语文教育低效原因探析 [J]. 长江大学学报 ,2012(1).

[33] 喻大翔 . 论散文的内涵与类型 [J]. 海南师范学院学报 ,2002(4).

[34] 杨鸿飞 . 散文教学与学生审美能力的培养 [J]. 宁波教育学院学报 ,2013 (5).

[35] 于漪 . 语文课要教出语文的个性 [J]. 中学语文教学参考 ,2004(4).

[36] 杨宗美 . 散文教学新思路 [J]. 语文教学与研究 ,2013(13).

[37] 曾洁 . 内容—知识—技能三级语文教学设计 [J]. 中学语文教学，2006(6).

[38] 张东 . 让灵魂诗意地栖息——美读散文 [J]. 中学教学参考 ,2012(25).

[39] 周海波 . 近 20 年散文发展的文体特征及其文化精神 [J]. 青岛海洋大学学报 ,2000(3).

[40] 张伟 . 在欣赏中进行散文教学 [J]. 新课程研究 (基础教育),2009(11).

[41] 张政栋 . 初中现代散文教学教法探讨 [J]. 文学教育 ,2013(2).

[42] 郑志丽 . 以语言为中心组织散文教学 [J]. 内蒙古教育学院学报 ,1999(1).

三、学位论文类

[1] 陈隆升 . 语文课堂教学研究 [D]. 上海 : 上海师范大学 ,2009.

[2] 郭艳 . 论散文与中学语文教育 [D]. 重庆 : 西南师范大学 ,2004.

[3] 郭建平 . 初中中国现当代阅读课堂教学研究 [D]. 北京 : 中央民族大学 ,2013.

[4] 黄丹琦 . 语文阅读教学中渗透写作学习策略研究 [D]. 长春 : 东北师范大学 ,2007.

[5] 李君 . 大学语文教材研究（1978—2008）[D]. 天津 : 南开大学 ,2010.

[6] 刘爱青 . 新课标下的现代散文教学研究 [D]. 上海 : 华东师范大学 ,2010.

[7] 马慧芳 . 中学散文教学研究——从言语审美角度建构散文教学内容 [D]. 金华 : 浙江师范大学 ,2006.

[8] 马小敏 .20 世纪 90 年代以来的历史散文研究 [D]. 杭州 : 浙江大学 ,2011.

[9] 彭浩波 . 高中语文新课程“人教版”必修课教材研究 [D]. 上海 : 华东师范大学 ,2005.

[10] 孙亚玲 . 课堂教学有效性标准研究 [D]. 上海 : 华东师范大学 ,2004.

[11] 王文静 . 基于情境认知与学习的教学模式研究 [D]. 上海 : 华东师范大学 ,2002.

[12] 王荣生 . 语文科课程论建构 [D]. 上海 : 华东师范大学 ,2003.

[13] 徐轩 . 新时期中学散文教学的回顾与反思 [D]. 长沙 : 湖南师范大学 ,2010.

[14] 邢海军 . 中学现代散文教学研究 [D]. 开封 : 河南大学 ,2014.

[15] 姚利民 . 有效教学研究 [D]. 上海 : 华东师范大学 ,2004.

[16] 朱建军 . 中学语文课程“读写结合”研究 [D]. 上海 : 华东师范大学 ,2010.

[17] 张盼 . 高中语文中国现代散文教学研究 [D]. 开封 : 河南大学 ,2014.

四、文件类

[1] 课程教材研究所 .20 世纪全国中小学语文课程标准·教学大纲汇编·语文卷 [S]. 北京：人民教育出版社 ,2001.

[2] 中华人民共和国教育部 . 义务教育语文课程标准 (2011 年版)[S]. 北京 : 北京师范大学出版社 ,2012.

[3] 中华人民共和国教育部 . 普通高中语文课程标准 (2017 年版 2020 年修订)[S]. 北京 : 北京师范大学出版社 ,2020.

附 录

初中语文现代散文学习情况调查问卷

亲爱的同学们：

你们好！

现代散文篇目在我们的教材中几乎已经占了半壁江山，一直是我们语文学习的重点和难点。因此，为了解同学们学习现代散文的情况及对现代散文课堂教学的真实感受，特制定本调查问卷，此问卷是匿名的，希望同学们能客观反映任课老师的教学和自己的学习情况，认真回答下列问题。谢谢各位同学的配合！

你所在的年级是：初中___年级

1. 你对散文学习感兴趣吗？( )

A. 非常感兴趣 B. 感兴趣 C. 比较感兴趣 D. 不感兴趣

2. 你喜欢现在课本中收录的中国现代散文吗？( )

A. 非常喜欢 B. 比较喜欢 C. 不太喜欢 D. 特别不喜欢

3. 你课余时间喜欢去读教材以外的现代散文作品吗？( )

A. 非常喜欢 B. 比较喜欢 C. 不太喜欢 D. 特别不喜欢

4. 你喜欢阅读哪种类型的现代散文？(可多选)( )

A. 叙事性散文 B. 抒情性散文 C. 议论性散文 D. 都不喜欢

5. 你认为现代散文与其他文体作品的学习方式有区别吗？( )

A. 没区别 B. 有区别 C. 有点区别 D. 不了解

6. 你是否喜欢学校老师教授的现代散文？( )

A. 非常喜欢 B. 比较喜欢 C. 不太喜欢 D. 特别不喜欢

7. 你最喜欢的现代散文教学方法是什么？（ ）

A. 教师讲解　　B. 教师讲解与自学相结合

C. 自学　　　　D. 没有想过这个问题

8. 课本中收录的现代散文对你哪方面的影响最大？（可多选）（ ）

A. 阅读水平提升　B. 审美能力提升　　C. 写作水平提高

D. 应试能力提高　E. 明白人生的道理　F. 其他________

9. 你认为学校老师在教授现代散文的过程中是否有问题？（ ）

A. 有　　B. 没有

若第 9 题选择“没有”，则不用做第 10 题。

10.你认为学校老师在教授现代散文过程中是否有问题？存在哪些问题？（可多选）（ ）

A. 老师的教学方法陈旧、缺乏创新

B. 老师上课千篇一律、缺乏趣味

C. 课堂枯燥单调、缺乏美感

D. 老师讲得有意思，但考试不会做

E. 其他 (请具体注明) ________

11. 请你举出一个你最喜欢的散文作家，并说出理由。

（ ）

答：

____

____

____

____

____

高中语文现代散文学习情况调查问卷

亲爱的同学们：

你们好！

现代散文篇目在我们的教材中几乎已经占了半壁江山，是我们学习的重点和难点。为了了解大家学习现代散文的情况以及大家对现代散文课堂教学的真实感受，特制定本调查问卷，此问卷是匿名的，希望同学们能客观反映任课老师的教学和自己的学习情况，认真回答下列问题。谢谢各位同学的配合！

你所在的年级是：高中___年级

1. 你对散文学习感兴趣吗？（　）

A. 非常感兴趣　B. 感兴趣　C. 比较感兴趣　D. 不感兴趣

2. 你喜欢高中语文课本中收录的中国现代散文吗？（　）

A. 非常喜欢　B. 比较喜欢　C. 不太喜欢　D. 特别不喜欢

3. 你课余时间喜欢去读教材以外的现代散文作品吗？（　）

A. 非常喜欢　B. 比较喜欢　C. 不太喜欢　D. 特别不喜欢

4. 进行现代散文阅读时，你认为最大的障碍是什么？（　）

A. 抓不住主题　B. 词语的品析　C. 美的感悟　D. 其他

5. 你阅读现代散文时，最先关注散文的哪个特点？（　）

A. 语言风格　B. 作者情感　C. 写作手法　D. 其他

6. 你的语文老师是如何进行现代散文教学的？（　）

A. 逐字逐句串讲为主　B. 注重思想感情的讲解

C. 朗读，篇章分析如蜻蜓点水　D. 对学生预习要求高，课上以鉴赏为主

7. 你最喜欢的现代散文教学方法是什么？（　）

A. 教师讲解　B. 教师讲解与自学相结合

C. 自学　D. 没有想过这个问题

8. 你是否喜欢学校老师教授的现代散文？（ ）

A. 非常喜欢　B. 比较喜欢　C. 不太喜欢　D. 特别不喜欢

若第 8 题选择“否”，则不用做第 9 题。

9. 你认为学校老师在教授现代散文过程中存在哪些问题？（可多选）（ ）

A. 老师教学方法陈旧，缺乏创新

B. 老师上课千篇一律，缺乏趣味性

C. 课堂枯燥单调，缺乏美感

D. 老师讲得有意思，但考试不会做

E. 其他 (请具体注明) ______________

10. 你最喜欢的现代散文是哪一篇？（请说明理由）

答：________________________________

____

____

11. 请你举出一个你最喜欢的散文作家，并说出理由。

答：

____

____

____

后 记

本书是笔者在陕西师范大学博士研究生研究成果的基础上，丰富相关内容完成的。笔者在语文教学论领域教学与研究 20 多年，其间曾深入中学语文一线教学与实践，一直有着一个朴素的愿望：运用语文教学论前沿理论解决中学语文教学的实践问题，突破现代散文教学的难点，提升中学语文课的实效，这也正是研究的初衷所在。研究的过程漫长又短暂，很庆幸在研究过程中得到了很多人的帮助，并偶有所获，逐渐找到了投身民族地区教育教学的快乐。

在累并快乐着的教育教学研究过程中，我度过了属于自己的最宝贵的青春年华，得到了很多人的帮助，收获了许多沉甸甸的爱和鼓励。

特别要感谢陕西师范大学的刘生良老师，我和他的缘分始于硕士在读期间，他对我来说亦师亦父，不仅在学习上给我指导，而且还时刻关心我的日常生活。他治学严谨、对工作非常认真，在学术上有着自己的独特见解。第一次见面，他就告诉我做事要有计划，一定要多读书，读好书。在一次次地修改我的文章时，他非常仔细认真，在我的标点符号、语句的结构和文章段落的布局等方面对我进行了严格、缜密的指导。对于文章的选题、论证及多次精心的修改指导，都花费了他很多的心血，但他从不厌其烦，认真地给予我指导意见，我让收获颇多。缘分竟是如此神奇，硕士毕业后又一次幸运地跟着他学习，虽然他依然十分繁忙，但无论是在支援建设美丽新疆还是在带学生实习的日子里，从不曾放松对我的指导。每当我有疑惑请教他时，总会得到他的悉心指导。饮其流者怀其源，成吾学时念吾师，能遇良师，深感不易，在他身上学到的东西将使我受益终生。

正是因为你们，才有了我的成长。我还要感谢在我研究中给予我帮助与启发的每一位老师，有的是我熟悉的师长，有的是从不曾谋面的专家、研究学者，有的是始终坚守的基础教育战线者，还有一见如故的同事、同学、朋友等，都直接或间接地对我产生了深远的影响，我从他们的教导与著作、研究与实践中获得了启发与灵感，使我在青涩、懵懂中获得了一些积累，在获得知识的同时更让我得到了成长，坚定坚守教育的初心，在民族地区的教育事业中奉献自己的青春年华。对于我在研究与写作中给予我帮助与营养的师长、专家、研究者等，谨此一并表示我最诚挚的谢意！

最后，我要特别感谢我的家人。一路走来，得到了他们默默的支持，常年多病的父亲在离世前夕仍不忘我的成长，年迈的母亲总是默默地支持与关爱我，在彼此不能相伴的日子里，他们的关心和关爱增强了我战胜困难的信心。先生与女儿努力完成他们的工作和学习，尽力让家庭生活温馨快乐，让我有足够的精力完成自己的青涩之作。谢谢你们！